Der Übermuslim

Fethi Benslama

DER ÜBERMUSLIM

Was junge Menschen zur Radikalisierung treibt

Aus dem Französischen von
Monika Mager und Michael Schmid

Matthes & Seitz Berlin

Freiheit bedeutet nicht, die Fesseln des Lebens abzulegen, sondern sie ist der Wunsch, es von den versteinerten Phantasmen zu befreien, die es umgeben.

Tahar Haddad (1899–1935)[1]

Inhalt

Einleitung

Wie lässt sich das Verlangen, sich im Namen des Islam zu opfern, das so viele junge Menschen ergriffen hat, verstehen? Was zieht sie in den Bann und treibt sie zu den furchtbarsten Taten? Dieser Essay schlägt eine Erklärung vor, in dessen Zentrum eine Figur steht, die ich *Übermuslim* genannt habe. Dabei geht es nicht so sehr um ein logisches Konzept als um einen Begriff, der zunächst überprüft werden soll. So gesehen wäre es angemessener, vom »Problem des Übermuslims« zu sprechen und zu ergründen, inwieweit diese Formulierung es erlaubt, verständlicher zu machen, was zurzeit mit den Muslimen geschieht und die Welt erschüttert.

Das Schreckgespenst des Übermuslims ist mir zum ersten Mal im Zuge meiner klinischen Arbeit während einer Sprechstunde in einem psychologischen Zentrum im Departement Seine-Saint-Denis begegnet. Über viele Jahre konnte ich immer deutlicher das quälende Gefühl beobachten, »nicht muslimisch genug zu sein«, das viele dazu brachte, einen flammenden Glauben zu entwickeln, die Forderungen und Stigmata einer identitären Gerechtigkeit zu übernehmen und zu versuchen, sich mithilfe einer paradoxen Aufwallung arroganter Unterwürfigkeit, die Respekt und Furcht hervorrufen soll, zu erhöhen. Bei der Analyse des Diskurses radikaler Islamisten ist das Motiv der »Kränkung des islamischen Ideals«[2] aufgetaucht, von dem ein Ruf nach Wiedergutmachung, ja sogar nach Rache ausgeht. Diese Überschneidung von Klinischem und Sozialem ermöglichte schließlich die Klärung der Gestalt des Übermuslims. Sei es in Form einer Tendenz oder als Avatar, diese Figur ist ein – bewusstes oder unbewusstes – Produkt von fast hundert Jahren Islamismus. Deswegen möchte ich hier, in Zusammenhang mit dem Auftauchen des Übermuslims, eine Lesart der Entstehung des Islamismus einbringen, die von der heute gängigen abweicht. Es erscheint mir in der Tat so, dass der Islamismus zu oft in den Kategorien der modernen politischen Theorien wiedergegeben wurde (politischer Islam), wobei man übersehen hat, dass seine grundsätzliche Ausrichtung auf den Aufbau einer ultra-religiösen Macht abzielt, die an das archaische Sakrale und die Opferung anknüpft, auch wenn sie die Hilfsmittel der modernen Technologie verwendet.

Es braucht keinen Beweis dafür, dass die Kriege, die einen Teil der muslimischen Welt heimsuchen, Zerstörungskräfte freigesetzt haben, in deren Folge zahlreiche Akteure des realen Theaters der Grausamkeit auftreten: Opfer und Henker, Helden und Verräter, Terroristen und Terrorisierte usw., und insbesondere der gefährlichste dieser Akteure, der *Märtyrer*, dessen Fähigkeit zur Brandstiftung überall auf der Welt in direktem Zusammenhang mit dem Opferwillen steht.

Doch darf man nicht den andauernden Bürgerkrieg übersehen, der seit dem Beginn des 20. Jahrhunderts zwischen den Muslimen herrscht und bei dem es um die entscheidenden Fragen geht: Was heißt es, ein Muslim zu sein? Wer hat die Macht, es zu definieren? Was bedeutet es, Mann oder Frau zu sein? Die letzte Frage stellt sich vor allem dann, wenn die Frau aus dem Eingeschlossensein heraustritt und die Sichtbarkeit ihres Körpers die patriarchalen Anordnungen zu Geschlecht und Begehren durcheinanderbringt. Auf diesem Nährboden, auf dem nichts mehr klar zu sein scheint und die identitären Gewissheiten zusammengebrochen sind, hat der Islamismus *den inneren Feind* (die ursprüngliche Definition des Über-Ichs bei Freud) des Muslims sprießen lassen, der die Obsession des Übermuslims in ständige Angst versetzt.

Insofern ist auf Karl Marx' Epoche des »Seufzers der bedrängten Kreatur« eine Zeit der Wut des blind Opfernden gefolgt, der nicht davor zurückschreckt, sich selbst in seine mörderische Tat einzuschließen. Dabei fällt mir der Satz eines Jugendlichen ein, der verkündete: »Ich liebe es zu hassen, denn das gibt mir so viel Kraft.« Und warum sollte man sich von dieser *Liebe zum Hass* sich selbst gegenüber ausschließen, wenn man sie dem anderen so freigiebig aufdrängen will? Ist es erstaunlich, dass die Dschihadisten deklarieren, sie »töten aus Liebe«, was im Grunde nichts anderes bedeutet, als dass das von vornherein legitimierte Verbrechen aus Leidenschaft zum System erhoben wird? Doch muss man im Auge behalten, dass es sich um nichts weiter handelt als eine Rechtfertigung des Mörders aus Liebe zu Gott. Diese Rechtfertigung bringt es mit sich, dass das Verbrechen in Indifferenz gegenüber den Menschen begangen wird, und es ist stimmiger, wenn es als Massenmord geschieht.

Sicher kann der chaotische Zustand der derzeitgen globalisierten Welt, in der die institutionellen Strukturen erschüttert sind, nur das befördern, was man heutzutage »Radikalisierung« in all ihren Formen nennt, und insbesondere die religiöse, die so viele Bedeutungen bereithält – für was und für wen auch immer. Dabei wird sichtbar, wie sehr die Anwendungsmöglichkeiten des Begriffes »Radikalisierung« zum Dreh- und Angelpunkt des diskursiven und auch des sicherheitsbezogenen Apparates geworden sind, der die Terrorismusprävention zum Ziel hat.

Seit den Anschlägen vom Januar und November 2015 in Frankreich hat der Ausdruck »Radikalisierung« den öffentlichen Raum im gleichen Maße erobert wie die diffuse und neue Bedrohung, die das Land belagert und keine Region der Welt ausspart. Wenn ein Wort eine so große Bedeutung gewinnt, dass man es verwendet, um eine Störung der Ordnung zu bezeichnen, so kann man – wie es einige tun – seine Aussagekraft in Zweifel ziehen; man kann es sich aber auch aneignen, um es innerhalb eines Wissensgebiets zu etablieren, wie es ein Teil der Soziologie unternommen hat. Aus Sicht der Psychoanalyse liegt die Aufgabe darin zu untersuchen, inwiefern dieser Begriff einen symptomatischen Wert hat oder nicht. Damit beginnt dieses Buch, indem es zwischen der Radikalisierung als Bedrohung und der Radikalisierung als Symptom unterscheidet.

Es erschien mir in diesem Essay dringend geboten, dass die psychoanalytische Methode, welche mit dem hier zu beschreitenden Terrain durchaus vertraut ist, – zusammen mit anderen Wissensbereichen – eine Bresche öffnet, um generalisierende, die Subjektivität verneinende Erklärungen der

Worte und Taten des Terrors infrage zu stellen, wo das Genießen seiner Akteure doch offenkundig ist. Denn es ist zu einfach, sich nur auf die Intention, das Bewusstsein und die sozialen Umstände zu beschränken, bleibt auf diese Wiese doch eine Erklärung für die Grausamkeiten des Genießens verstellt.

Erinnern wir uns daran, dass die Psychoanalyse nicht dazu da ist, die Menschen im geschützten Behandlungszimmer zu »therapieren« – wovor Freud uns immer gewarnt hat –, sondern um mittels der Erkenntnisse aus ihren klinischen Untersuchungen Anhaltspunkte zu gewinnen, um die kollektiven Kräfte der Gegenzivilisation im Herzen des zivilisierten Menschen und seiner Moral zu erforschen. Damit ließen sich die zwangsläufigen Verbindungen zwischen dem Psychischen und dem Politischen deutlich herausstellen, welche sich als Paradigma für eine »Psychepolis« bezeichnen ließen, um schließlich Gewalt und Möglichkeiten der Gewaltfreiheit denkbar werden zu lassen.

In diesem Sinne dient die Bezeichnung *Übermuslim* als Hinweis auf das Wesen der Gefahr, der die Muslime und ihre Kultur ausgesetzt sind. Deswegen steht am Ende dieses Essays ein Kapitel über die Überwindung des Übermuslims, verbunden mit dem Ausblick auf eine andere Zukunft für die Muslime.

Zur Radikalisierung

Radikalisierung als Bedrohung

Mit dem Auftauchen des Dschihadismus im globalen Maßstab avancierte der Begriff der *Radikalisierung* zum allgemeinen Modell für die Ursache des Terrorismus. War er bis zu den Attentaten des 11. September 2001 noch marginal vertreten, so hat er sich seither durchgesetzt, um Personen zu identifizieren und zu überwachen, die unter dem Verdacht stehen, zur Gewalt zu greifen, was auch immer sie dazu bewegt. Dieser Begriff hat die globale *Figur des Radikalisierten* als ein bedrohendes Individuum entstehen lassen, und er hat einen weltweiten Diskurs über Gewalt und Politik erzeugt, welcher unsere Epoche über lange Zeit prägen wird. Zum Aufspüren der Radikalisierten ist ein Wissen vonnöten, das Anzeichen erkennt und sie mithilfe eines Beobachtungs- und Sprachapparats interpretiert. Die Überwachung setzt das Vorhandensein eines Polizeiaufgebots voraus, dessen Existenzberechtigung auf der Angst vor zerstörerischen Handlungen und auf der Prävention beruht. Die Radikalisierung hat damit ein theoretisches und praktisches Feld für den *Zusammenhang von Wissen und Angst* eröffnet. Es führte zur Errichtung eines gewaltigen engmaschigen Abhörnetzes ohne Beispiel, das aus dem Ozean von Worten und Taten der Menschen schöpft. Inmitten einer Zeit, in der

Zirkulation und Kommunikation ungeahnte Intensität erreichen, werden wir überall in der Welt Zeuge eines Aufbaus unsichtbarer Mauern der Verdächtigung. Es ist ein grausames Paradoxon, dass jetzt, wo sich die Welt sich selbst gegenüber weit öffnet, gerade aus dieser Öffnung eine derartige Angst machende Gefahr auftaucht.

Die Sorge über eine Militarisierung des Alltagslebens und eine Erschütterung der demokratischen Verfassungen nach den Anschlägen von 2001 wurde in mehrerer Hinsicht weitgehend bestätigt. Dort, wo mörderische Anschläge verübt wurden, hat sich der Rechtsstaat zurückgezogen und Ausnahmeregelungen zugelassen, die der Grausamkeit des Terrorismus *einen Staat im Notstand,* anders gesagt einen Staat in ständiger Überreaktion gegenüberstellen. Auch wenn nicht jeder Radikalisierte notwendigerweise zum Terroristen wird, so hat doch die Tatsache, dass jedem Anschlag ein Radikalisierungsprozess vorangeht, dem Begriff die furchterregende Vorstellung eines Vorzimmers des Terrors verliehen. Auch tendiert die Radikalisierung dazu, mit dem Terrorist-Werden, gar mit dem zu erwartenden Terror zu verschmelzen. Daraus entwickelt sich ein allgemeiner Zustand, in dem jeder Einzelne darauf geeicht ist, in der Erwartung des Attentats *alarmbereit zu sein, be alert,* wie die Amerikaner sagen. Wer hat nicht in Paris, in Tunis oder Timbuktu in öffentlichen Verkehrsmitteln oder auf öffentlichen Plätzen beim Gedanken an sich und seine Angehörigen das angstvolle Gefühl von Verletzlichkeit empfunden, zur falschen Zeit am falschen Ort zu sein, furchtsam, dass gleich eine Bombe hochgeht? Wenn uns ein arbiträrer Tod auflauert, der uns nicht persönlich meint, wenn wir aus Zufall umkommen, einen Tod erleiden können, der nicht der unsere ist, dann ist jener namenlose Tod in unser Leben getreten, den wir mit der Wendung »blinder Terror« zu benennen suchen.

Haben wir es aber nicht auch mit einem Terrorismus zu tun, der ganz sichtbar auftritt? Er stellt nicht nur seine Taten zur Schau, er will uns darüber hinaus in das grausame, von ihm aufgeführte Schauspiel hineinziehen, indem er uns in die Position der Attentäter versetzt. So geschehen im beispielhaften Fall von Mohammed Merah, der seine Morde, darunter auch die Morde an den jüdischen Kindern der Ozar Hatorah-Schule in Toulouse, mit einer Körperkamera filmte und dann eine Videomontage davon dem Sender Al Jazeera zusandte, der nach einigem Zögern ... die Ausstrahlung verweigerte. Die Kommunikation kann also zur Fortsetzung des Terrors mit anderen Mitteln werden. Man erinnere sich auch an den Slogan al-Sawahiris: »Der mediatisierte Dschihad ist schon der halbe Kampf.«[3] Seither findet sich fast immer eine Überwachungskamera oder eine Handy-Kamera in unmittelbarer Nähe eines Attentatsortes, deren Bilder sofort von Medien übertragen und bis zum Überdruss in Spots wiederholt werden, als wollten sie uns den Schockzustand des Überlebenden aufdrängen. Diese Fenster hin zum Realen des Terrors haben das Eindringen der Angst ins Subjekt verstärkt und sein traumatisches Gewicht erhöht. Ebendiese Fähigkeit, in großem Maßstab Schrecken zu verbreiten, ist bei denen, die zu Herrschern über Tod und Leben werden wollen, eine starke Triebfeder, extreme Optionen in Betracht zu ziehen.

Die Verbindung von blinder Gewalt und willentlicher

Zurschaustellung stellt eine neue Überschreitung dar, die aus Mord und Selbstmord eine Spielart von Kommunikation und ein Spektakel macht. Sie vergrößert die Allmacht des Henkers. Bis vor Kurzem galt noch die Regel, dass Mörder ihre Verbrechen verbergen, ihre Spuren verwischen und ihre Untaten leugnen. Jetzt aber geht es darum, das Massaker sichtbar werden zu lassen. Weshalb verwenden der »Islamische Staat« und andere Gruppen aus dem dschihadistischen Universum die Ausstrahlung ihrer grausamen Taten für ihre Propaganda? Gewiss besteht immer ein enger Zusammenhang zwischen den Techniken einer Zeit und den in ihr stattfindenden Massenmorden, doch wenn man es bei der Kontingenz der Mittel bewenden lässt, ohne die Ziele zu bedenken, dann versteht man die Absichten des heutigen religiösen Terrorismus nicht. Dieser Terror will eine furchtlose destruktive Macht zur Schau stellen, die misshandeln kann, wie es ihr beliebt, um damit die Vorstellung ihrer völligen Straflosigkeit unter der menschlichen Justiz zu untermauern. Da die Täter nur Gottes Gesetz unterstehen, als dessen Richter sie sich aufspielen, zeigen sie ostentativ, dass sie ohne Angst und Mitleid exekutieren, erwürgen, kreuzigen, amputieren, verbrennen, steinigen können. Sie begehen ihre Untaten zum Ruf *Allah akbar,* um auszudrücken, dass Gott selbst durch sie handelt, und deshalb können sie vorführen und glauben machen, dass für sie nichts unmöglich bleibt. Wenn Gott in den Händen der Menschen lebendig wird, dann scheint ihnen alles möglich, ganz im Widerspruch dazu, was Dostojewski Dimitri Karamasov sinngemäß proklamieren lässt.[4] Die Äußerungen von Jugendlichen in den sozialen Netzwerken drücken aus, wie sehr sie von den scheußlichen Szenen fasziniert sind, die sogar erotische Regungen bewirken können. Diese Jugendlichen hoffen ihre Fesseln abzustreifen, um im Terror die Phantasmen absoluter Befreiung, göttlicher Gerechtigkeit ohne Prozess, einer bereits erlangten Vergebung zu verwirklichen, und das in einem Grad, dass das Töten zur Tugend wird. Erst wenn man sich selbst vor nichts mehr fürchtet, zieht man jene an, die Furcht und Schrecken verbreiten werden. Darin liegt die Verführungskraft dieser Verbindung, in der der Horror des Sehens und der des Glaubens aufeinandertreffen.

Dennoch gibt es Anlass, die Vorstellung einer blinden Gewalt zu relativieren. Sie ist blind, wenn man bedenkt, dass die Opfer für die Mörder »niemand« sind, lediglich Lebewesen, die man auf Kadaver, wenn nicht auf Fleischfetzen reduziert; sobald aber das Massaker in den Räumen von *Charlie Hebdo* geschieht, im Bardo-Museum, im Bataclan, in einer jüdischen Schule, einer schiitischen oder sunnitischen Moschee, werden diejenigen, die sich dort befinden, wegen ihrer Anwesenheit an diesem Ort und ihrer Verbindung zu ihm umgebracht: *Sie werden getötet wegen dem, was sie sind, und nicht wegen dem, was sie tun,* was den mörderischen Charakter dieser Taten definiert, wie Richard Rechtman nach den Attentaten des 13. November in Paris in Erinnerung gerufen hat.[5] Man ist versucht zu sagen, dass sie jeden, aber nicht jeden Beliebigen um sein Leben bringen. Sie töten Leute für das, was sie nicht sind, und für das, was sie sind: Der Terrorismus ist ein *Omnizid*.

Die Schwierigkeit, die Mäander des Terrorismus nachzuvollziehen und ihn zu charakterisieren, hängt eng zusammen mit seinen Drohungen, seiner durchtriebenen Logik und seinen stetigen Transformationen. Seine Geschichte ist voller Kasuistiken der Rechtfertigung von Morden. Bezeichnete er einmal die Ausübung der Staatsgewalt zur Rettung der wahren Französischen Revolution, so hat er sich heute dahin entwickelt, dass er den Kampf gegen den Unterdrückerstaat meint. Immer wieder wird er gegen die Zivilbevölkerung eingesetzt, um die Regierenden dazu zu bringen, Forderungen nachzugeben. Im Falle der Befreiungsbewegungen vom Kolonialismus war sein Ziel die nationale Unabhängigkeit, im Falle von Al-Kaida jedoch liegt keinerlei vergleichbare pragmatische Zielsetzung vor. Dieselben Aktivisten, die »als Kämpfer für die Freiheit« in Afghanistan auftraten, sind zu Partisanen eines heiligen Weltterrors geworden, des Dschihads,[6] der keine territoriale Macht anstrebt, sondern die Zerrüttung der Vereinigten Staaten von Amerika. Die moralische Zwiespältigkeit der Gewalt liegt in dieser Kehrtwendung vom Widerständler zum Terroristen und umgekehrt, je nach den Standpunkten und Umständen. Zahlreiche Terroristen sind Staatschefs geworden, deren Stimme im Konzert der Nationen Respekt entgegengebracht wird. Von Al-Kaida bis zum »Islamischen Staat« hat sich vor unseren Augen erneut eine Wandlung des Dschihadismus vollzogen, wobei der Terror nun der Erschaffung eines »Kalifats« und der Utopie seiner idealen Gemeinschaft dienen soll. Laut seinen Theoretikern muss diese zuerst eine Phase der Erzeugung von Chaos durchmachen, um dann auf der Grundlage der Scharia »das Bestialische zu managen«[7].

Gibt es einen Unterschied zwischen Krieg und Terrorismus? Das Streitgespräch zwischen Jacques Derrida und Jürgen Habermas nach den Anschlägen vom 11. September

2001[8] lässt die Antwort offen, und die Problematik wird immer wieder neu aufgenommen, weil sie in Fragen ethischer und juridischer Konsequenzen bei Einzelfällen von Relevanz ist, wie etwa bei dem Status der Kämpfer. Handelt es sich eher um einen Krieg »mit niedriger Intensität«, wie Farhad Khosrokhavar meint,[9] oder um einen »diffusen Krieg« gemäß Frédéric Gros[10]? Unter all den Fragen, die dieses Gewimmel von Problemen mit sich trägt – und die ich hier nicht alle behandeln werde –, taucht die Frage nach der Legitimität und den Grenzen der Gewalt auf. Wenn sie in einer revolutionären Perspektive »als einer gewaltsamen Abschaffung der Gewalt« auftritt, wie Étienne Balibar über den Marxismus schreibt, dann wäre ihre gerichtliche Verfolgung schlussendlich ein für die Justiz selbstzerstörerisches Unterfangen.[11] Das Problem lässt sich nicht auf den Gegensatz von Recht und Politik reduzieren, denn das Recht ist einerseits auf die Gewalt gegründet und durch sein Monopol geschützt, wie Freud in seinem Gedankenaustausch mit Einstein über den Krieg bemerkt.[12] Andererseits ist in der Perspektive Walter Benjamins[13], der die Unterscheidung zwischen »mythischer Gewalt« und »göttlicher Gewalt« vorschlägt, letztere außerhalb des Rechts angesiedelt. Ihre Besonderheit läge darin, das Opfer zu akzeptieren, im Gegensatz zu der mythischen Gewalt, die es verlangt.[14] Entlang dieser Kategorisierung gehört die vom »Islamischen Staat« befohlene und ausgeübte Gewalt – im Gegensatz zu seinen Beteuerungen – zum mythischen Register.

In Anbetracht des weiten Geflechts der Problemstellungen des Terrorismus, welcher historisch gesehen vor und nach der Französischen Revolution[15] Bedeutsamkeit hatte, lässt sich fragen, was der Begriff der Radikalisierung nun Neues hinzufügt. Die Sozialwissenschaften, für die der Terrorismus seit langem ein Thema ist, haben sich nachdrücklich auf ihn bezogen und ihn zur Erforschung der ideologisch geprägten Gewalt fruchtbar gemacht. Ohne das Zusammenspiel dieser wissenschaftlichen Legitimation mit der Frage der öffentlichen Ordnung und der Nutzung in den Medien hätte die »Radikalisierung« niemals ihren heutigen Status erlangt: den eines Wissensgebietes und eines überquellenden Diskurses, der mit strategischen Maßnahmen des Staates einhergeht, wie es seit 2014 in Frankreich und vielen anderen Ländern der Fall ist.

Nach dem Soziologen und Anthropologen Farhad Khosrokhavar bestand der Beitrag des Begriffs der Radikalisierung in der Soziologie in einem Blickwechsel, der frühere Terrorismuseinschätzungen zu vervollständigen vermochte. Die Soziologie untersuchte insbesondere Gruppen, die ideologisch motivierte Gewalt ausübten, sowie deren politische und soziale Bedeutung. Mit dem Begriff der Radikalisierung konnten die Individuen, ihre Subjektivität, ihr Werdegang und ihre Interaktionen in den Gruppen berücksichtigt werden. Dabei geht es um eine Herangehensweise, die die *Prozesse* der individuellen Verläufe untersucht, welche sie zur Gewalt führen, insofern als es kein plötzliches Umkippen gab, sondern eine Entwicklung über kürzere oder längere Zeit.[16] Heute steht der Islamismus im Zentrum der soziologischen Studien, aber die Methode wurde auch auf andere Ideologien angewendet. Sie inspirierte rückblickende Arbeiten über Akteure etwa der Action directe in Frankreich oder auch die Rote Armee Fraktion in Deutschland, um nur zwei von vielen zu nennen. Der Vergleich der Bewegungen erlaubt es, Regelmäßigkeiten und Abweichungen herauszuarbeiten, sei es zwischen gewaltloser und gewaltsamer Radikalisierung oder auch zeitliche und örtliche Merkmale. Ziel ist es, eindeutige Kriterien zur Beschreibung der Radikalisierung herauszufinden, wie zum Beispiel in den Studien von Isabelle Sommier[17], die ihre Entstehung auf die Verbindung von drei Parametern zurückführt: das soziale und ideologische Umfeld, die individuelle und subjektive Bahnung und der Eintritt in eine radikale Gruppe, der heute durch das Internet erleichtert wird.

Daran lässt sich erkennen, dass die Frage nach dem »Warum« der Radikalisierung ausgeklammert wurde, insofern die entsprechenden Antworten darauf in den diversen Studien keine entscheidende Relevanz aufwiesen. Seitdem steht – der prozessualen Analyse entsprechend – die Frage nach dem »Wie« im Vordergrund. Bei Xavier Crettiez[18] geht es um die Bedingungen des individuellen Engagements im »Hochrisiko-Aktivismus«, die in drei kumulativen Elementen zusammengefasst werden: die anstiftenden Faktoren, die kognitiven Mechanismen und die Entwicklungsprozesse des Handelnden, wobei das Profil zugunsten des *Werdegangs* des Radikalisierten vernachlässigt wird. Im Gegensatz dazu fügt Gilles Kepel in seinen Studien über den Dschihad in Frankreich diesen nicht in einen theoretischen Rahmen der Radikalisierung ein, vielmehr versteht er Letztere als einen »Vorbegriff« (Émile Durkheim), der das Phänomen des Islamismus verallgemeinert und seine Besonderheit dem Denken entzieht.[19]

Die weitaus meisten dieser Studien klammern die psychologische und erst recht die psychopathologische Seite der Radikalisierung aus. Sie wird phänomenologisch als ein Faktum betrachtet, das dem Bewusstsein und dem Willen des Handelnden unterliegt, was den Aspekt des Unbewussten ausschließt. Bei Farhad Khosrokhavar ist das anders. Die aktuelle Entwicklung der islamistischen Radikalisierung führt ihn zu der Feststellung, dass »die rein subjektive Dimension eine immer größere Bedeutung erlangt«, weshalb er dafür plädiert, die »psychologische Fragilität« in Betracht zu ziehen und die symbolische Seite des Engagements zu betonen, die nur aus einem »psychoanthropologischen« Blickwinkel zugänglich sei.[20] Seine Recherchen im Gefängnis zeigen, dass die psychopathologische Dimension über 40 Prozent der radikalisierten Insassen betrifft, in manchen Fällen sogar mehr. [21]

In die psychiatrischen, psychologischen oder psychoanalytischen Studien hat der Begriff der Radikalisierung erst sehr spät Eingang gefunden. Meines Wissens fand das erste Treffen zwischen Klinikern zu diesem Thema erst im März 2015 statt. Daraus ging eine Veröffentlichung hervor, in der der Begriff der Radikalisierung nur mit Fingerspitzen angefasst wurde, wie ich bereits im Vorwort dazu angemerkt habe.[22] Die Ursachen für diese Verspätung gegenüber den Sozialwissenschaften sind vielfältig. Einerseits lag es am Misstrauen der »Psychos« gegenüber der Psychologisierung sozialer und politischer Probleme ebenso wie gegenüber der Übersetzung von Ideologie und Glauben in psychopathologische Erscheinungen. Es gehört für sie zum normalen Umstand des psychischen Lebens, einem Ideensystem anzuhängen und an etwas zu glauben, und die Vorstellung von einer

Menschheit ohne Ideologie und Glauben erscheint als gefährliche Utopie, deren Delirium man im Szientismus erkennen kann. Andererseits gibt es oft eine Verzögerung zwischen dem Auftreten einer sozialen Tatsache und ihren individuellen pathologischen Auswirkungen in manifesten Symptomen. Im Übrigen haben die Arbeiten des amerikanischen Psychiaters Marc Sageman, die 2004 erschienen sind und psychische Störungen bei den Dschihadisten ausschlossen,[23] wahrscheinlich die Annahme *einer Form systematischer Verneinung des psychischen Lebens in der Beobachtung des Prozesses extremistischen Engagements* begünstigt. Marc Sagemans These muss meines Erachtens aus mehreren Gründen relativiert werden. Der erste liegt in seiner Methode, die auf der Untersuchung von Biografien beruht, auf Verhörprotokollen von Anhörungen der Dschihadisten vor Gericht und auf einem statistischen Mahlwerk, durch das ausgewählte Items geschickt wurden. Ein weiterer Grund, auf den ich im folgenden Unterkapitel zurückkommen werde, liegt in dem, was ich die Illusion des Post-Ultrazismus nenne. Kurz zusammengefasst soll dies benennen, dass die Person, die zum Ultra wird, vor und nach der Übernahme der extremistischen Überzeugungen nicht dieselbe ist. Und außerdem ist es wahrscheinlich, dass die islamistische Radikalisierung nach ihrer Verbreitung im Internet ab 2005 ihren Charakter geändert hat. Zum Massenprodukt geworden, erfuhr sie, um erneut Farhad Khosrokhavars Worte aufzugreifen, eine »individuelle Verwilderung«[24], deren Folgen den ideologischen Korpus und die ideologische Ausrichtung geschwächt und der Regellosigkeit einer abdriftenden Subjektivität mehr Platz eingeräumt haben.

Wenn man die Art und Weise betrachtet, wie der französische Staat mit dem Begriff der Radikalisierung umgegangen ist, so muss man zunächst feststellen, dass er davon erst öffentlich Gebrauch gemacht hat, als seine Folgen bereits in epidemischem Maße auftraten. Nach Gilles Kepels Feststellung scheint die Bedrohung mit einer gewissen Verzögerung wahrgenommen zu werden, wenn eine neue Generation von Dschihadisten auf den Plan tritt. Sie sei nach den Aufständen von 2005 in der nördlichen Banlieue von Paris herangereift, und zwar unter dem Einfluss der neuen Strategie des Terrorismus auf europäischem Boden, die 2004 von Abu Musab al-Sûrî, einem der Theoretiker des Dschihad, in einer Schrift von 1600 Seiten verfasst wurde und im Internet abrufbar ist.[25] Diese Strategie befürwortet einen globalen Ansatz des Dschihad, der die regionalen hierarchischen Organisationen hinter sich lässt zugunsten mehr oder weniger führungsloser dezentralisierter Netzwerke, die das Internet nutzen und vor allem auf den individuellen Terrorismus fokussiert sind. Ihr Ziel ist es, die Feindschaft zwischen den Muslimen und ihrer Wahlheimat zu schüren und Europa zu destabilisieren, das als Achillesferse des Westens angesehen wird. Gilles Kepel schreibt: »Die Geheimdienste waren nicht in der Lage vorauszusehen, dass hier [bei den Dschihadisten der dritten Generation] eine ausländische, in sozialen Netzwerken propagierte islamistische Ideologie und die neue politische Soziologie des radikalisierten französischen Salafismus eine Verbindung eingingen.«[26]

Der Aktionsplan der Regierung gegen die Radikalisierung startet im April 2014. Er fußt darauf, Familien über die Gefahren eines Abgleitens in die Radikalität zu informieren, auf dem Aufbau eines Gegen-Diskurses zu den Parolen der Terrororganisationen und auf der Einführung dezentraler Vorkehrungen auf der Ebene der Departements, um sich der Personen anzunehmen, die sich in einem Prozess gewaltsamer Radikalisierung befinden, ebenso wie deren Familien.[27] Diese departementalen Einrichtungen setzen sich aus Sicherheits- und Justizbehörden, Sozialarbeitern, Psychologen und Psychiatern zusammen, deren Aufgabe es ist, jede Person, die als radikalisiert ausgemacht wurde, sowie deren Familie zu begleiten.

Was das Aufspüren von Radikalen betrifft, so liegt es im normalen Aufgabenbereich der Nachrichtendienste; betraut damit ist aber auch das Nationale Zentrum für Radikalisierungsbetreuung und -prävention (Centre national d'assistance et de prévention de la radicalisation, CNAPR), das eingerichtet wurde, um Hinweise von Angehörigen, Bekannten sowie in Institutionen und Vereinen Tätigen über einen Telefondienst entgegenzunehmen. Im Grunde beruht die Einordnung der Hinweise auf der Unterscheidung zwischen der religiösen Konversion, der Annahme eines wörtlich verstandenen Islam und Situationen, in denen die Einzelnen gefährlich werden können. Fachleute aus den Nachrichtendiensten sind damit beauftragt, bei den Anrufen von Fall zu Fall zu unterscheiden, unter Berücksichtigung der Indizien für das Abgleiten in die Radikalisierung. Wenn man die Liste dieser Indikatoren[28] genau betrachtet, so bemerkt man, dass es sich um das System einer ausgearbeiteten und dichten *Semiologie der Radikalisierung* handelt, die fünf Bereiche umfasst. Sie tasten alle Lebensäußerungen einer Person ab, aus denen ein Bruch hervorgeht, der in der Übernahme von

Redens- und Verhaltens- oder Lebensweisen des extremen Islamismus besteht. Die fünf Bereiche enthalten mehrere Rubriken mit Indizien, die als stark oder schwach bewertet werden. Zweifellos geht es hier um den Aufbau eines effizienten Systems von Anzeichen für eine Radikalisierung, mit dem Zweck, die Bedrohung zu filtern und zu meistern.

Dieses Maßnahmenbündel zeigte sehr schnell einen kräftigen Anstieg der Meldungen, was aber von der Anzahl der Individuen zu unterscheiden ist, die als Radikale festgestellt wurden. Im Januar 2015 gab es tausend Meldungen; im Juni 2015 waren es 4500; im Februar 2016 wurden 8250 gezählt. Diese starke Zunahme ist dem Kontext der Anschläge im Januar und November 2015 geschuldet, die bei Behörden und Familien zu einer starken Sensibilisierung geführt haben. Es ist bemerkenswert, dass die Meldungen zur Hälfte von Familien oder Nahestehenden kamen. Wahrscheinlich gibt es auch missbräuchliche Benachrichtigungen. Man kann sich denken, dass eine solche Masse von Meldungen erhebliche Bearbeitungsprobleme für die Sicherheitsbehörden verursacht. Und wir wissen nicht genau, woraus dieses *Big Data* besteht, was »Radikalisierung« in diesem Rahmen eigentlich praktisch bedeutet. Eine interdisziplinäre Analyse wäre dringend geboten.

Der im Juni 2015 veröffentlichte Bericht des Abgeordneten Sébastien Pietrasanta[29] hat immerhin einige Merkmale der erfassten Personen geliefert, die auch für 2016 gelten können: 25 Prozent sind minderjährig, 35 Prozent sind Frauen, 40 Prozent Konvertiten zum Islam (die Konvertiten bilden 50 Prozent derjenigen, die in den Kampf ziehen). *Zwei Drittel der gemeldeten Personen sind zwischen 15 und 25 Jahre alt.*

Im Bezug auf den Übergang von der Radikalisierung hin zur Reise die Kriegsgebiete liest man im Bericht von 700 ausgereisten Jugendlichen, von denen 220 nach Frankreich zurückgekehrt sind. Der Bericht nennt die Zahl von 1800 Personen, die in dschihadistische Netzwerke verstrickt sind. Diesen Angaben zufolge haben sich aus Frankreich die meisten Staatsangehörigen aus einem westeuropäischen Land dem Dschihad angeschlossen. Europol schätzt im Übrigen die Zahl der europäischen Kämpfer auf 5000 von insgesamt 20 000 ausländischen Kombattanten im Irak und besonders in Syrien.

Die Kandidaten für den Dschihad werden immer jünger, kommen aus allen sozialen Schichten, und viele sind den Polizeibehörden unbekannt. Nach einer Studie des Präventionszentrums für sektiererische Tendenzen mit Islambezug (Centre de prévention des dérives sectaires liées à l'islam, CPDSI)[30] stammen bei den 160 dort betreuten Familien 60 Prozent der Jugendlichen aus der Mittelschicht, 30 Prozent aus der Unterschicht (oder mit sehr niedrigen Einkünften) und 10 Prozent aus wohlhabenden Schichten.

Auch wenn diese Zahlen nicht für die Gesamtheit der Radikalisierten repräsentativ sind, so zeigen sie doch eine Realität, die auch von der Koordinierungseinheit für den Antiterrorkampf (Unité de coordination de la lutte antiterroriste, UCLAT) bestätigt wird: Die Radikalisierung ist nicht mehr typisch für die Unterschicht und die Banlieues. Wir erleben in der Tat seit der Ausweitung des Syrienkrieges und dem Erscheinen des »Islamischen Staates« einen Übergriff des Phänomens auf die Mittelschicht. Dies ist auch in den anderen europäischen und mediterranen Ländern der Fall.

In dieser Gruppe gibt es laut dem Bericht von Pietrasanta Nicht-Gläubige und Jugendliche ohne Migrationshintergrund. Dazu kommt noch eine wachsende Zahl von Familien und Frauen, die in die Kriegsgebiete ausreisen, was im Dschihadismus neu ist: Man geht nach Syrien, um sich ein neues Leben aufzubauen und eine Familie zu gründen. Das Projekt des »Islamischen Staates« reizt manche junge Menschen, und nicht nur solche, die aus muslimischen Familien kommen. Damit ist – im Vergleich zur Radikalisierung durch Al-Kaida – eine neue Situation entstanden, die mit der Entstehung der Utopie einer idealen islamischen Gemeinschaft einhergeht.

Diese Voraussetzungen weisen auf eine Diversität hin, die es sehr schwierig macht, Profile oder sogar Profiltypen des Radikalisierten oder des potenziellen Dschihadisten zu erstellen. Es geht um eine soziologisch heterogene Gruppe, und das ermöglicht keine weitergehenden Erkenntnisse, nur Rückschlüsse, die aus dem Werdegang und dem Radikalisierungsprozess gezogen werden können.

Dagegen ist das hervorstechendste Element dieses Überblicks – dass nämlich zwei Drittel der Erfassten zwischen 15 und 25 Jahre alt sind – ein sehr bedeutsames Faktum. Es zeigt, dass die überwiegende Mehrzahl der Gemeldeten Adoleszenten oder *junge Erwachsene sind, die sich in der Phase eines Moratoriums befinden, in dem die Adoleszenz möglicherweise ausgedehnt und die Krise verlängert wird.*

Die Betreuung dieser jungen Menschen mit dem Ziel einer Entradikalisierung, wie es zunächst hieß, wurde von der Regierung initiiert, zunächst auf der Ebene der Departements, aber auch mit der Unterstützung des Interministeriellen Komitees zur Delinquenzprävention (Comité interministériel pour la prévention de la délinquance, CIPD). Über die Ergebnisse dieser Maßnahmen haben wir keine gesicherten Kenntnisse, abgesehen von der üblichen Wichtigtuerei derjenigen, die behaupten, schon die richtigen Antworten auf Fragen zu haben, die noch ungenügend formuliert, teilweise sogar noch gar nicht gestellt wurden. Sie verwechseln die notwendigen Sicherheitsmaßnahmen eines Staates gegen die sogenannte Radikalisierung mit der menschlichen Realität, die weitaus komplizierter und widerständiger ist, als es die Magie der Vorsilbe »ent-« glauben machen möchte, wenn sie eine Umkehr dieses Prozesses für möglich hält. Der Spinoza zugeschriebene Satz: »Der Begriff des Hundes bellt nicht« gilt auch hier. Man meinte, diese Anmaßung zurückzunehmen, indem man statt »Entradikalisierung« das Wort »Entdoktrinierung« einführte. Inzwischen hat der Staat jedoch mit den geplanten Zentren für »Wiedereingliederung und Bürgerschaft« über die Sicherheitspflicht hinaus wieder seine zweite Aufgabe wahrgenommen, nämlich die soziale und politische. Derzeit handelt es sich dabei noch um eine Absicht, deren zukünftige Ergebnisse wir noch nicht kennen.

Radikalisierung als Symptom

Wenn das Wort »Radikalisierung« eine symptomatische Bedeutung besitzt, und das nicht nur im semiologischen und sicherheitsrelevanten Sinn, dann lässt sie sich von seiner Wurzel her begreifen, eben als *Radix, die Wurzel.* Die Menschen, auf die ich bei meiner klinischen Arbeit in einer öffentlichen Einrichtung der nördlichen Banlieue von Paris getroffen bin[31] und die von Anfang an in ihrer Rede und ihrem Verhalten zeigten, dass sie Ultra-Islamisten sind, waren von dem Wunsch oder auch dem Drang getrieben, sich im Himmel *zu verwurzeln* bzw. *wieder zu verwurzeln,* da es ihnen auf der Erde versagt blieb. Denn alles in ihrer Lebenswelt zeugte von einer Entwurzelung: ihre Familiengeschichte, die Atmosphäre in der Wohnsiedlung, das ihnen zugeschriebene Image sowie ihre perspektivlose Zukunft. So gesehen kann die Radikalisierung als das Symptom eines Wunsches nach Verwurzelung bei denen, die keine Wurzeln mehr haben oder dies so empfinden, aufgefasst werden.

Zu Beginn meiner Tätigkeit Mitte der Achtzigerjahre gab es sehr wenige Fundamentalisten, wie man sie damals nannte. Seit dem Ersten Golfkrieg 1990 trat das Phänomen der Islamisierung insbesondere von jungen Menschen auf und spitzte sich dann in engem Zusammenhang mit dem

Bürgerkrieg in Algerien (1992) und den Kriegen im Nahen Osten zu. Damals wurde der Begriff der Radikalisierung zur Beschreibung exzessiver Religiosität noch nicht verwendet. Geläufige Ausdrücke waren etwa: Integralismus, Fanatismus, Fundamentalismus, Proselytismus. Manchmal habe ich die jungen Fantasten auch als »Enthusiasten« bezeichnet und mich dabei auf die Etymologie dieses Wortes bezogen, das »Gott in seinem Inneren tragen« (*en* und *theos*) bedeutet. Diese Benennung beruhte auf einer wiederholten Beobachtung bei mehreren der betreuten Jugendlichen, deren religiöser Begeisterung eine Zeit vorangegangen war, in der sie sich in einem apathischen Zustand befanden, sich selbst herabsetzten, Unzulänglichkeit und Scham empfanden, sich als Versager wahrnahmen, kurz gesagt, an ihrer Existenz litten. Dieses Leid entsprach dem, was der Psychoanalytiker Francis Pasche als eine »Depression aus Minderwertigkeit« beschrieben hat.[32] Sobald die Religion entdeckt wird, schießt der Fahrstuhl des Narzissmus in die Höhe, das Subjekt lebt nicht mehr in einem dreckigen, vergitterten Raum, in einem Taubenschlag im Nirgendwo, es verliert sich nicht mehr im Schweigen über das elterliche Exil, vielmehr ist es auf der höchsten Stufe der Transzendenz beheimatet, von der aus es mitleidig und auch verächtlich auf die Menschheit ganz unten hinabschaut.

Die äußere Umwelt allein kann aber nicht ausschlaggebend sein, um diese Erfahrung einer erhebenden Verwurzelung, diesen Aufschwung, der festen Boden unter den Füßen schafft, zu erklären. Dafür braucht es eine weitere Voraussetzung: In der Phase der Adoleszenz (die lang und verspätet sein kann, wie man sehen wird) wird das Subjekt mit einem

Bruch konfrontiert, der *die Kontinuität seiner Existenz* bedroht und plötzlich so weit aufklafft, dass es in ihm untergehen kann. Diesen Spalt muss es also überspringen oder ein Brett darüberlegen, das in diesem Fall als »letzte Rettung« dienen kann, um den Abgrund unter den Füßen zu überqueren. Offensichtlich bewirkte die Verwurzelung im Himmel dort, wo davor Gefahr drohte, ein Genießen, das sich an der Exaltiertheit gut ablesen ließ. *Unter diesem Gesichtspunkt kann man von der Radikalisierung als Symptom sprechen.* Es geht gewiss auch um den Sinn, und die Psychoanalyse sieht im Anspruch auf Sinn etwas, das der qualvollen Suche des Menschen innewohnt, *im Symptom jedoch ist der Sinn mit dem Genießen gepaart,* dem Exzess, der dazu führen kann, dass jemand über die Lust hinaus zum Schmerz, ja sogar zur Selbstzerstörung übergeht. Der Bruch, der die Kontinuität der Existenz bedroht, das heißt die Sinnlosigkeit oder das Schwinden des Sinns kann verborgen bleiben und in verschiedenen traumatischen Formen im verunglückten Leben des Subjekts wieder hervorkommen, in zerrütteten Beziehungen zu den Eltern oder in einer Zerrüttung ihrer Beziehung, die geheim gehalten und vom Kind unwissentlich auf sich genommen wird. Beim ultrareligiösen Diskurs (dem Ultrazismus) und seinen Einstellungen Zuflucht zu nehmen, erlaubt es einer brüchigen oder vom Bruch bedrohten Existenz, ein neues (höchstes) *Wesen* zu erlangen. Einer labilen Existenz eine Wesenhaftigkeit zu geben, bildet die Quelle des Religiösen, in welcher Verkleidung er auch immer auftritt. Entscheidend ist, wie groß die Labilität ist und welche Kraft die Wesenhaftigkeit haben muss, um der Verzweiflung entgegenzuwirken. Dabei erweist es sich als notwendig, dass die Vorstellung von einem Gott – durch die Vorfahren oder auf anderem Wege – vermittelt wird. Man kann daraus erkennen, dass eine materiell oder symbolisch zerrüttete Umwelt, solange sie der psychischen Labilität einen Realitätsanker verleiht, nicht der allein entscheidende Faktor sein kann. So banal es auch klingt, muss man doch daran erinnern, dass nicht alle, die in diesen geächteten Vierteln[33] leben, diese extreme Verwurzelung suchen, und umgekehrt bewahrt das Leben in einer wohlgeordneten Umgebung nicht vor geistiger Verwirrung. Die Tatsache, dass die Anzahl der betroffenen Personen aus der Mittelschicht und der Schicht der Wohlhabenden gestiegen ist, weist darauf hin, dass die Entscheidung zur Radikalisierung mehr damit zu tun hat, wie die Umstände und die Umwelt der psychischen Realität gelagert sind.

Auf der Grundlage dieser Parameter, d. h. dem geopolitischen Kontext, der sozialen Umgebung, der psychischen Konfiguration, denen man gewiss auch den Zufall von bestimmten Begegnungen und Gruppenbindungen hinzufügen muss, erscheint die Radikalisierung als Symptom wie eine Komprimierung mehrerer Voraussetzungen. Obwohl man gewisse Wiederholungen erkennen kann, hängt die Frage, wann und wo sie sich vollzieht, doch von jedem einzelnen Fall ab. So erlauben uns die oben angeführten Daten auch eine Lesart, welche sich auf eine klinische Analyse stützt, und zwar *das Faktum, dass zwei Drittel der Radikalisierten zwischen 15 und 25 Jahre alt sind und diese Phase dem Moratorium der Adoleszenz entspricht*.

Es geht nicht darum, die Radikalisierung in eine direkte Kausalität mit den Störungen während der Adoleszenz zu bringen; es wäre hier und überhaupt ein Fehler, monokausal vorzugehen. Aber man muss im Kopf behalten, dass die Symptome der Jugendlichen soziale Konfliktsituationen wiederspiegeln beziehungsweise zum Ausdruck bringen, die eine gewisse Anzahl von ihnen durch ihren Eifer zu lösen glauben. Während das Kind in seiner Familie die Therapeutenrolle übernimmt, glaubt der Jugendliche sozusagen, er könne der Heiler seiner sozialen Gruppe, der Retter der Gesellschaft, wenn nicht der Menschheit sein.

Es gilt dabei die anthropologische Gegebenheit im Auge zu behalten, dass sich die Adoleszenz besonders seit der zweiten Hälfte des 20. Jahrhunderts verlängert hat. Die Kindheit wurde kürzer und die Reife immer mehr hinausgezögert, was, weit über den Westen hinaus, zu einem Charakteristikum der modernen Zivilisation geworden ist. Dieser Wandel ist so greifbar, dass Begriffe wie »Präadoleszenz« und »Postadoleszenz« vorgeschlagen wurden, was bedeutet, dass von einer je nach Individuen und soziokulturellen Milieus ausgeweitete und veränderbare Jugendzeit ausgegangen wird.[34] Traditionellerweise war die Adoleszenz kurz und von Übergangsriten, vom frühen Eintritt in das Arbeitsleben, das sich mit der Ausbildungszeit überschneidet, ebenso wie dem baldigen Zugang zu einer institutionalisierten genitalen Sexualität gekennzeichnet. Daher könnte man sagen, dass die Moderne die natürliche Frühreife der menschlichen Gattung ausgeweitet hat.

Ein erster Aspekt, der sich aus den weiter oben erwähnten Sachverhalten ergibt, entspricht einem Befund, der allen Klinikern der erweiterten Adoleszenz geläufig ist: Sie haben es mit einer Gruppe junger Menschen zu tun, die in diesem

Abschnitt ihres Lebens von *Idealvorstellungen* getragen werden, die die Umbildungen der *Identität* überlagern – wobei diese Veränderungen turbulent sein und vom Normalen bis ins Pathologische variieren können.

Die Herangehensweise kreist folglich um die Problematik der *Ideale,* durch die sich das Individuelle und das Kollektive, das Subjektive und das Soziale bei der Bildung des Subjekts, d.h. in einer Phase, in der eine Umformung der Identität in der jugendlichen Entwicklung vor sich geht, miteinander verknüpfen. Nun können diese Ideale, die den Aufbau des Subjekts bewirken, es in einer Gruppe verwurzeln, mit den früheren Generationen verbinden und in ihm den Wunsch nach einem besseren Leben in einer besseren Welt wecken, aber auch zur Quelle von Exzessen werden, von unsäglichem, verheerendem Terror. Das 20. Jahrhundert war ein Jahrhundert politischer Katastrophen, die aufgrund der Verherrlichung der Ideale ganze Zivilisationen ergriffen. Diesbezüglich hat Europa einen sehr hohen menschlichen Preis bezahlt. In diesem Raum gab es wahrscheinlich eine in der Zivilisationsgeschichte noch nicht dagewesene Konzentration von Mördern und Ermordeten.[35]

Die Ideale beinhalten also eine explosive *potenzielle Radikalität,* die je nach Individuum und sozialhistorischem Kontext manifest werden kann. Die epidemische Ausbreitung »islamistischer Radikalisierung« ist eine zeitgenössische Form der Begeisterung für die Ideale, die zur muslimischen Welt und ihrer Zivilisationskrise gehört, sich jedoch globalisiert hat und auf der ganzen Welt zu einem *Prisma der Negativität* avanciert ist. Damit ist gemeint, dass diese Art von Begeisterung die Frustrationen, die Hassgefühle, die

Selbstverneinungen und die Zurückweisungen der Welt bündelt und fördert, welche im Ideal des Islamismus, wie Ian Hacking sagt, eine »ökologische Nische« finden. Mit diesem Ausdruck kann man die Voraussetzungen benennen, unter denen sich in einem bestimmten kulturellen und historischen Raum eine soziale und psychologische Epidemie entfalten, weiterentwickeln und rasch ausbreiten kann, um dann zu erlöschen wie eine Gattung, die keine adäquaten Lebensbedingungen mehr vorfindet. Ian Hacking hat in seinen Studien mit den »verrückten Reisenden« des 19. Jahrhunderts ein Beispiel dafür geliefert.[36]

Das *Angebot des Dschihadismus* und seinen großen Einfluss lassen sich nicht verstehen ohne eine Analyse der Voraussetzungen, die diese »ökologische Nische« des radikalen islamistischen Ideals bedingen: Viele Studien haben sich mit seiner demografischen, ökonomischen, politischen und geopolitischen Ebene befasst. Was diesen Studien zur »ökologischen Nische« fehlt, ist der Parameter der individuellen und der Massenpsychologie, die für die Psychoanalyse nicht voneinander zu trennen sind. Diesem Bereich sind meine Arbeiten gewidmet.

Um den Wirkungsgrad der Funktion der Ideale in der Jugend zu bestimmen, muss man kurz auf die Identitätsproblematik eingehen, die diesen Zeitabschnitt charakterisiert und auch die Radikalisierung beeinflusst. Die Krise dieser Lebensphase beruht auf dem *subjektiven Übergang*, bei dem die Kindheitsideale zersplittern und sich dem Subjekt die Notwendigkeit aufdrängt, sie durch neue Ideale zu ersetzen, und das mit einer Versessenheit, die die Dringlichkeit dieser Suche nur allzu deutlich zum Ausdruck bringt. *Gier nach*

Idealen: Diese schwierige Phase ist von intensiven Anwandlungen von »Entidealisierung« und »Neuidealisierung« gekennzeichnet. D.W. Winnicott spricht von »Doldrums«[37], was in der Sprache der Schifffahrt eine innertropische Konvergenzzone bezeichnet, in der kalte und warme Winde aufeinandertreffen. Im Zuge der Entidealisierung ist das Subjekt am Boden zerstört, es empfindet Leere, Überdruss, Depression, Sinnlosigkeit seines Lebens und Herabsetzung des Selbst. Bei der Neuidealisierung dominieren Exaltiertheit, Ausbrüche leidenschaftlicher Ideen, die versuchte Überhöhung der Selbstdarstellung, der Wunsch nach einem Aufbruch in eine neue Welt oder die Teilnahme an ihrer Erschaffung sowie die Hoffnung auf eine vollkommene Sinnhaftigkeit, durch welche die Wahrheit und die Gerechtigkeit triumphieren würden.

Woher kommt diese Gier nach Idealen? Daraus, dass das Subjekt sich ein Selbst aneignen muss, ein Selbst, das nicht mehr das des Kindes ist, welches zusammen mit den Eltern errichtet wurde, sondern sein eigenes. Nun will es »sein eigener Herr sein«, indem es sich neu erfindet. Diese Aneignung wird jedoch von einer Umbildung der entscheidenden Grenzen der menschlichen Existenz begleitet: zwischen dem Ich und dem Nicht-Ich, Leben und Tod, dem eigenen und dem fremden Geschlecht, dem Realen und dem Irrealen, der Welt und dem Jenseits, wobei die Grenzlinien durcheinanderzugeraten oder sich teilweise zu verflüchtigen drohen. Wenn das Subjekt in dieser Zeit besondere Risiken eingeht, liegt das an der Hoffnung, sich selbst zu erobern und seine Existenz zu meistern, wenn es sich der Gefahr aussetzt. Dies erklärt die Häufigkeit von Grenzüberschreitungen, bei denen die Grenzen des Selbst verschoben werden. Das Schreiten zur Tat verdeckt oft den Wunsch nach einer Wandlung, danach, seine alte Haut abzulegen und eine neue zu erlangen – mit dem Risiko, seine Haut nicht mehr retten zu können. Es kommt oft vor, dass Suizidversuche in der Adoleszenz diese Bedeutung haben. Manche Jugendlichen sagen uns: »Ich wollte mich umbringen, aber nicht sterben.« Es handelt sich also um eine heikle Passage, deren Protagonisten »das Frühere nicht und noch nicht das Nächste gehört«[38], wie es Rainer Maria Rilke in einem Vers umschreibt. Damit benennt er *eine Zäsur*, eine Zwischenzeit, die Überquerung von einem Ufer zum anderen, verbunden mit der Hoffnung auf ein neues Selbst in einer neuen Welt.

Diese Grenzverschiebungen, verbunden mit dem Wunsch nach einem eigenen Selbst, drücken sich also im Eingehen von Risiken aus, führen aber in vielen Fällen zu extremen und gefährlichen Bewährungsproben. Sie gehen sogar bis zu vorsätzlich lebensgefährlichem Verhalten, bei dem sich der Jugendliche Erfahrungen aussetzt, aus deren Ausgang er ein Urteil über seine Würde oder Würdelosigkeit, seinen Wert oder Unwert, seine Fähigkeit oder Unfähigkeit ableitet. Diese Mutproben, bei denen es ums Überleben geht, können ganz verschiedene Formen annehmen. Man sollte eine Äußerung im Auge behalten, die Winnicott gebrauchte, als er über adoleszente Jugendliche der Sechzigerjahre sprach: »Sie haben ein Baby gesät, und Sie ernten eine Bombe.«. Tatsächlich trifft dies immer zu, es ist von außen nur nicht immer zu erkennen.«[39] Daher kann die Radikalisierung unabhängig vom ideologischen Inhalt sowohl als eine Prüfung, aber auch als eine Phase der Lösung auftreten, wie Rilke in seinem Gedicht darlegt. In diesem Übergang des An- und seinem Über-die-Ufer-Tretens findet das Angebot des Dschihadismus seine wirksame Ankerstelle: Seine Sprache und seine Rekrutierungsmethoden nützen zahlreiche Beweggründe des *subjektiven jugendlichen Übergangs* aus, so wie ein Jäger, der in Kenntnis des Weges seiner Beute seine Fangnetze auslegt.

Die jungen Menschen, an die sich die Anwerber richten, warten auf den Übergang, lauern auf eine Lösung oder befinden sich auf dem halben Weg der Furt. Das betrifft insbesondere diejenigen, deren Adoleszenz sich wegen persönlicher Verwerfungen infolge von Unglücksfällen in ihrem Leben und/oder Defiziten in ihrem sozialen und familiären Umfeld schwierig gestaltet. Sie lassen nicht unbedingt offenkundige Störungen erkennen. In manchen Fällen machen sie verborgene, asymptomatische Qualen durch, die allerdings als die am wenigsten vorhersehbaren und manchmal gefährlichsten gelten können, was sich nach der Tat in Aussagen zeigt wie etwa: »Er war ein sehr netter Junge ohne Probleme, er war hilfsbereit, er trug der alten Dame die Einkäufe in den 5. Stock« usw. In anderen Fällen stellt man im Nachhinein chaotische Verläufe fest, die bereits in der Form von Delinquenz oder Drogenabhängigkeit auftraten; bei einigen sind Borderline- oder psychotische Störungen festzustellen. Unauffällige psychotische Zustände, die dann plötzlich ausbrechen. Ein Richter des Antiterrorzentrums der Pariser Justiz hat mir mitgeteilt, dass mindestens ein Drittel derjenigen, für die er nach ihrer Rückkehr aus den Kriegsgebieten eine Gerichtsakte angelegt hat, in ihrem Sprechen und ihrer Haltung ein psychotisches Gebaren erkennen ließen.

Das Angebot der Radikalisierung erzeugt bei einer fragilen Identität eine *Nachfrage*, die sie dann in einen mächtigen Panzer verwandelt. Sobald die Vermittlung zustande kommt, werden alle Schwachstellen unter einem Deckel verschlossen. Daraus resultieren für das Subjekt eine Sedierung der Angst, ein Befreiungsgefühl und Anwandlungen von Allmacht. Es wird zu einem anderen, wählt einen neuen Namen. Es übernimmt das Verhalten der anderen Gruppenmitglieder. Die Reden der Radikalisierten gleichen sich, als ob sie von einer einzigen Person stammen würden, weil ein großer Teil der Singularität aufgegeben wurde: *Das Subjekt tritt hinter dem Automaten zurück*. Die Opferung der Singularität entledigt das Subjekt seiner Symptome genau in dem Maße, wie die psychischen Symptome mit der Idiosynkrasie des Individuums korrelieren. Die Symptome werden in Erscheinungsformen der Massenpsychologie konvertiert: gemeinsame Halluzinationen, vermehrte Rituale, Verbreitung von Verhaltensweisen, Suggestion, blinder Gehorsam usw. Diese Auslöschung der Singularität und die Absorption der Symptome durch die Radikalisierung verursachen bei vielen klinisch wenig ausgebildeten Beobachtern Beurteilungsfehler, wenn sie Radikalisierte als »ohne psychologische Probleme« einschätzen – was ich weiter oben die Illusion des Post-Ultrazismus genannt habe –, obwohl ihr subjektiver Lebensweg turbulent oder gar so gefährdet war, dass die Radikalisierung einen Versuch darstellt, einen psychischen Notstand zu überleben.

Diese Aussage, dass »die Radikalisierung einen Versuch darstellt, einen psychischen Notstand zu bewältigen«, setzt voraus, dass man erklären und entschuldigen nicht verwechselt und die Einsicht in psychische Vorgänge nicht als Nachsicht gegenüber ihren antisozialen, ja kriminellen Auswirkungen versteht. Die Analyse der subjektiven Realität, die dem Phänomen zugrunde liegt, läuft, abgesehen von wenigen Fällen, nicht auf Wahnsinn oder Schuldunfähigkeit hinaus. Man darf nicht vergessen, dass es sich um den Lebensweg eines Menschen handelt, der über das Schicksal seiner Anlagen selbst bestimmt.

Wenn man versucht zu überlegen, was mit einem Menschen geschehen muss, damit er dazu kommt, gefährliche Wege des Umgangs mit sich selbst und den anderen einzuschlagen, dürfen wir nicht nur die Verhaltensebene berücksichtigen, auch nicht auf der Ebene der Sprachhülsen der Radikalisierten verharren, sondern müssen in Betracht ziehen, was einen Menschen dazu bringt, sich zu entflammen und alles um sich herum zu versengen. Wie uns die Psychoanalyse zeigt, stellt das Symptom eine Kompromisslösung dar, die eine Funktion in der Ökonomie des Subjekts hat, und in gleicher Weise hat auch die Übernahme der Symptome durch die Radikalisierung ihren Grund: Erlangung der Heilung durch einen ganz besonderen Umweg, der die Konfrontation mit der inneren Gefahr fordert, indem er eine noch größere äußere Gefährdung in Kauf nimmt, auch wenn sie zum Tod führt. Dies konnte ich im Laufe meiner klinischen Arbeit feststellen: Das Symptom wird beseitigt durch eine *Sättigung des Ideals,* die das Subjekt in eine göttliche Mission aufnimmt.

In manchen Fällen scheint es mir offensichtlich, dass die Empfindung des Auseinanderbrechens vom Subjekt mit der Suche nach einer Identitätseinheit oder einer »Einidentität«

behandelt wird, die ihre letzte Verwirklichung im Tod hat, als würde der gewählte Tod das Subjekt vor seiner Vernichtung retten. Man muss die Hoffnung auf Heilung in der religiösen Radikalisierung erkennen und das Hauptziel des Religiösen im Auge behalten, nämlich das Heil und die Heilung, zwei Wörter mit derselben Wurzel, die man auch im Englischen *holy*, im Deutschen *heilig* findet, und auch im Arabischen *salama* (s-l-m.), das zu »islam« geworden ist, was unter anderem »heil sein nach der Überwindung einer Gefahr« bedeutet und nicht nur zum Begriff von »Unterwerfung« führt. Rufen wir in Erinnerung, dass der Ausdruck »guérison« [Dt. Heilung, Gesundung, Anm. d. Übers.] aus dem altfranzösischen Wort *guarison* abgeleitet ist, das Schutz, Verteidigung, Garantie, Wiedererlangung der Gesundheit und Unterschlupf bedeutete. Das Risiko der Lebensgefahr kann also den Zweck haben, etwas aufrechtzuerhalten, das dem Subjekt wertvoller erscheint als sein Leben, nämlich die Bewahrung eines Ursprungs, der es beschützt, aus der sein Sein hervorgeht: Gott, der Andere, die Gemeinschaft usw. Nicht selten stellt der Tod einen solchen sicheren Schutz dar. Deshalb kann man sagen, dass aus der Sicht des Subjekts die Radikalisierung ein Weg zur »Heilung« ist. Es stellt sich unter den Schutz Gottes, um nicht krank zu werden. Die säkularisierte Welt Europas hat diese Lösungsmöglichkeit vergessen, die nicht als Delirium, sondern als Glaubensleistung verstanden werden muss, ein Vertrauen, das nur die Realität besitzt, die ihm das Subjekt zuschreibt.

Mit diesem Denkansatz wird auch der Erfolg des radikalen Islamismus bei den Konvertiten verständlich. Die Identitätsschwächen sind nicht nur den Kindern von Migranten oder muslimischen Familien vorbehalten, und das erklärt, warum 40 Prozent der Radikalisierten Konvertiten sind. Ich würde sagen, dass sich diese Subjekte radikalisieren wollen, bevor sie das Ergebnis der Radikalisierung kennen. Es kommt nicht darauf an, ob sie wissen, wie dieses Ergebnis beschaffen ist, Hauptsache, es führt »die Lösung« herbei. In der Presse wurde von Dschihadisten berichtet, die im Internet Schriften wie *Islam für Dummies* bestellten. Es benötigt schon eine große Unwissenheit, damit sich die Phantasmen mit einer derartigen Naivität umhüllen und ihre Realisierung angst- und zweifelsfrei anstreben. Der Untersuchungsrichter Marc Trévidic vom Pariser Antiterrorzentrum hat wiederholt erklärt, dass manche Rückkehrer aus den Kampfgebieten, die er verhört hat, nicht einmal die fünf Säulen des Islam kannten. Möglicherweise finden sich unter den sogenannten Konvertiten auch viele *Wiedergeborene,* die den Glauben wieder entdecken, den sie selbst oder die vorangehende Generation verloren haben.

Halten wir in jedem Fall fest, dass manche Kämpfer zunächst nicht auf der Suche nach Spiritualität oder religiöser Konversion sind. Sie wollen sich gegen die grausame Unterdrückung der syrischen Bevölkerung durch das Assad-Regime auflehnen. Für andere dient die Reise in den geheimnisvollen Orient als romantischer oder initiierender Prozess. Beim Lesen von Texten über die Kreuzzüge hat mich erstaunt, wie viele Ähnlichkeiten es zu den abenteuerlichen Aufbrüchen in den Dschihad gibt. Könnte der Dschihadismus ein umgekehrter Kreuzzug sein? Der radikale Islamismus ist heute das weitverbreitetste, aufregendste und ins sich vollständigste Produkt auf dem Internetmarkt. Er eröffnet den an sich selbst und ihrer Welt Verzweifelten den Zugang zur Idealisierung.

Dabei ist es problematisch, die islamistische Radikalisierung als ein Sektenphänomen zu betrachten. Zweifellos gibt es gewisse Vergleichsmomente, wie etwa die sogenannte mentale Beeinflussung, jedoch stechen wesentliche Unterschiede hervor. In der Sekte unterwirft sich das Individuum den Phantasmen oder der wahnhaften Lehre des Gurus, der ökonomischen oder sogar sexuellen Ausbeutung durch ihn. Der Dschihadist hingegen tritt einem groß angelegten kollektiven Glauben an den Identitätsmythos des Islamismus bei, der vom Realen des Krieges genährt wird, in dem er eine Heldenrolle spielen soll und dafür mit materiellen und sexuellen Vorteilen sowie realer und imaginärer Macht belohnt wird. Diese tödliche Vermischung von Mythos und historischer Realität ist gefährlicher als der Wahn.

Das radikale Angebot bemächtigt sich folglich der Engpässe des Jugendalters und passt sich den Möglichkeiten eines gleichermaßen individuellen und kollektiven, physischen und metaphysischen, mythischen und historischen Übergangs an, deren Hauptmotive ich herausarbeiten möchte.

Ohne ins Detail zu gehen, kann man im Angebot der Radikalisierung einige grundlegende Agenten der *narzisstischen Verführung* durch Ideale ausmachen. Wie Philippe Gutton zu Recht betont, liegt in dieser Verführung die wichtigste auf die jungen Menschen ausgeübte Anziehungskraft.[40]

– *Die Identitäre Gerechtigkeit* ist eine grundlegende Voraussetzung für die Radikalisierung. Sie rührt an dem Kern der Identitätsschwächen der Jugendlichen. Dabei schweißt sie gewissermaßen die Teile des gefährdeten Selbst zusammen, indem sie es mit einer Peergroup verschmilzt und so eine Glaubensgemeinschaft herstellt, in der alle gemeinsam dieselben emotionalen Werte leben. Die Gruppe soll die Illusion verschaffen, dass man denselben Körper genießen könne. Der identitären Gerechtigkeit liegt die Vorstellung von einem »gekränkten islamischen Ideal« und dem Unrecht zugrunde, das den Muslimen in Gegenwart und Vergangenheit angetan wurde. Mit diesem gekränkten Ideal ist der Verlust der politisch-theologischen Souveränität der muslimischen Gemeinschaft durch die Abschaffung des Kalifats und die Zerstückelung des Osmanischen Reiches, des letzten muslimischen Imperiums, durch die Kolonialmächte im Jahr 1924 gemeint. Behalten wir in Erinnerung, dass die erste islamistische Organisation, die Muslimbruderschaft, 1928 gegründet wurde. Man kann sagen, dass die islamistischen Bewegungen aus dem Trauma dieser Zeit entstanden sind und dessen Schockwelle in die Massen weitergetragen haben. Das den Muslimen angetane Unrecht besteht in den früheren und gegenwärtigen Kriegen im Nahen und Mittleren Osten: Palästina, Afghanistan, Irak usw. Bilder von Zerstörungen, Massakern, getöteten und versehrten Kindern unterstützen dies, und sie werden mit dem Aufruf versehen, sich selbst zum Richter aufzuschwingen. Auch junge Menschen, die nicht Muslime sind, reagieren auf diesen Appell. Das dschihadistische Angebot besteht jedoch für die meisten darin, *das Unrecht an den Muslimen mit einer existenziel-*

len, individuell erlebten Benachteiligung zu überlagern. Es zielt darauf, das Subjekt im gekränkten Ideal aufgehen und die Kränkung aus ihm sprechen zu lassen, als sei sie ein heimsuchender Geist im Körper eines Zombies. Er ist dazu aufgerufen, das Ideal zu rächen, oder, was auf dasselbe hinausläuft, zum *Rächer der beleidigten Gottheit* zu werden. Der Fall der Brüder Kouachi beim Attentat auf *Charlie Hebdo* ist ein Beispiel dafür. Es gibt junge Menschen, die aufgrund der Schwäche des Ich-Ideals dazu gebracht werden, eine Verkörperung des Massenideals anzustreben, das im Märtyrertum seine Erfüllung findet.

– *Erlangung von Würde und Allmacht:* Den Jugendlichen, die unter mangelndem Selbstwertgefühl leiden, die sich erniedrigt und nutzlos, wie »Müll« fühlen, wie einer von ihnen zu mir sagte, verheißt man nicht nur die Anerkennung ihrer Benachteiligung, sondern man erklärt sie zu Erwählten Gottes, die selbst noch nichts davon wissen und von den anderen verkannt werden. Um diesem Erwähltsein gerecht zu werden, muss der junge Mensch Respekt und Angst verbreiten, ein Missionar für die gute Sache werden, ein Held, für den sich die Tore des Ruhms öffnen werden. Er kann das Recht in die eigenen Hände nehmen und darf im *Namen* des höheren göttlichen Gesetzes außerhalb des Gesetzes handeln. Deshalb wird aus dem »Müll« einer, der Angst und Schrecken verbreiten kann, einer, der von seiner eigenen Familie gefürchtet wird. Ein Vater hat mir gesagt: »Mein Sohn tritt auf wie mein Vater, er predigt mir die islamische Moral … Und mehr noch, er hält sich für den Vater Gottes, den er beschützen will, ausgerechnet er, der früher den Drogen verfallen und delinquent war.« Wenn man diese Aussage auf das Drama der Jugendphase bezieht und bedenkt, dass der Gott der Kindheit (der ideale Vater) verschwindet und ein neuer gesucht werden muss, dann scheint es, als sagten sich manche verzweifelte Subjekte: Da der Gott (meiner Kindheit) tot ist, muss ich einen lebendigen Gott finden, dessen Repräsentant ich dann sein kann. Dieser lebendige Gott macht alles möglich. Der Interessent empfängt nun die folgende gespiegelte Botschaft: Du bist unwürdig, weil du weder Glauben noch Gesetz kennst, aber du kannst dafür Sühne leisten und Vergebung erlangen: Werde ein »Übermuslim«! Dieser Prozess soll später noch genauer untersucht werden.

– *Reue und Reinigung:* Der islamistische Radikalismus ist eine religiöse Ideologie, und zu ihren Fundamenten gehören Reue und Reinigung. Sie befasst sich mit dem Schuldgefühl, zu leben und zu begehren, das manchmal auch bei Jugendlichen auftritt, die gar nichts Unrechtes getan haben. Unglück und Schamgefühle sowie insbesondere Identitätsstörungen verstärken den quälenden Zustand: Das Subjekt begreift sich als wertlos, als »Mangelware«, wie ein Patient es ausdrückte. Das Angebot spricht aber auch Delinquenten auf der Suche nach Vergebung an, ebenso wie Delinquenten, die in der Hinwendung zum Dschihadismus ein Mittel sehen, ihre kriminellen Antriebe zu adeln. Im Bekennerschreiben zu den Anschlägen vom 13. November sind zwei Motive besonders hervorzuheben: Eines bezeichnet die Täter als »eine Gruppe, die das irdische Leben geschieden hat [sic]«. Das andere nennt die von ihnen Getöteten »Götzendiener, die ein perverses Fest feiern«, deren Sitz Paris ist, die »Hauptstadt der Abscheulichkeit und der Perversion«. Damit wird der Verzicht zu leben der einen dem Festhalten am Leben der anderen gegenübergestellt, wobei das Leben der Letzteren verderbt und mit Recht auszulöschen sei, sodass das Massaker als ein Akt des moralischen Heils gerechtfertigt ist. Das Massaker steht im Zeichen einer Reinigung, was durch den Hinweis auf die *Götzendienerei* bestätigt wird, die im Sinne des abstrakten Gottes in den islamischen Texten als Sünde gilt, aber auch für jeden strengen Monotheismus, wie die Geschichte der Bilderstürmerei zeigt. So gesehen unterliegt das Massaker im Bataclan derselben Reinheitsabsicht wie die Zerstörung der Monumente von Palmyra oder der Buddhastatuen von Bamiyan in Afghanistan.

Auch der Selbstopferung des Selbstmordattentäters liegt ein Reinheitsideal zugrunde. Ob die Formulierung »das Leben geschieden haben« nun irrtümlich oder vorsätzlich benutzt worden sein mag, in jedem Fall drückt sie eine Absage an den Genuss des Lebens aus, weil das Leben durch und durch unrein ist. Da der Körper als Sitz der Sünde par excellence gilt, erscheint seine Auflösung in zahlreichen Bekennerschreiben von Selbstmordattentätern als Beweis für die ideale Reinheit des Opfers, um so ein absolutes paradiesisches Genießen, anders gesagt, ein Genießen, das aller Verbote entledigt ist, zu erlangen. Dieser Zusammenhang zwischen Reinigung und Genießen ist so wesentlich, dass man die Radikalisierungen und ihre gewaltsamen Möglichkeiten nicht begreifen würde, wenn er in unserer Analyse unberücksichtigt bliebe.

– *Stärkung des Subjekts der Gemeinschaft gegenüber dem Subjekt der Gesellschaft:* Hier geht es um das Versprechen einer Rückkehr in die traditionelle Welt, in der das Subjekt ein selbstverständliches, gesichertes und geschütztes ist, während das Subjekt der Moderne, das Subjekt des Gesellschaftsvertrags, ein Individuum, eine Überproduktion seiner selbst darstellt, die es zu einer aufreibenden Arbeit zwingt. Dazu braucht es die geeigneten Mittel. Ein Beispiel für diese traditionelle Gewissheit wäre, wenn man einem 16-Jährigen einen neuen Namen vorschlägt, der mit »Abu X« beginnt (Abu Ali, Abu Salah), was »Vater von …« bedeutet, obwohl er in der Realität kein Vater ist. Sobald er so genannt wird, macht er einen Sprung vom Sohn zum »Vatersein« und wird damit zum Ursprung einer imaginären Nachkommenschaft. Er wird zum Ursprung seiner selbst. Heutzutage gibt es Jugendliche, die es vorziehen, eine abgesicherte Ordnung, eine Gemeinschaft mit einengenden Normen und die Eingliederung in einen autoritären Rahmen auf sich zu nehmen. Diese Autorität erlöst sie von einer verwirrenden Freiheit und der persönlichen Verantwortlichkeit, die sie übernehmen sollen, ohne aber über entsprechende – d. h. psychische und materielle – Mittel zu verfügen.

– *Auflösung der Grenze zwischen Leben und Tod:* Der Diskurs der Prediger dringt in die unbewussten Phantasmen der Adoleszenten in einer Phase ein, in der ihre infantilen Vorstellungen über Leben und Tod dabei sind, sich umzubilden. Diese Prediger übersättigen sie mit Litaneien vom bevorstehenden oder bereits anwesenden Tod, über die Leiden nach dem Ableben (eine furchterregende Predigt), die sie sich von nun an ersparen sollen, so als seien sie bereits tot. Der imaginäre Tod ist derart übergriffig, dass der reale Tod seine Bedeutung verliert, was die Aussagen mancher Jugendlicher erklärt: »Der Tod, das ist nichts, das ist wie ein kleiner Stich.« Ein Stich, der in das paradiesische Jenseits führt. Der Mann, der im Kampf stirbt, der Märtyrer, ist nur dem Anschein nach tot, er bleibt am Leben und genießt trotzdem weiter alle Dinge, er ist ein Unsterblicher. Das Subjekt muss also sterben, um in diesem unsterblichen Leben zu überleben. Im dschihadistischen Diskurs bildet der Wunsch zu sterben oder schon tot zu sein ein konstantes Thema. Denn wenn jemand überzeugt ist, schon tot zu sein, kann ihm nichts mehr passieren, außer dem Leben in der heutigen, als schändlich erachteten Welt. In seiner Sammlung von Berichten französischer Dschihadisten gibt David Thomson den Satz eines Jugendlichen wieder: »Allah bestimmt unseren Tod bereits vor unserer Geburt.«[41] Eine solche Behauptung lässt sich in den traditionellen Texten des Islam nicht finden. Damit wird die »Urszene«, die für die Ursprungsphantasmen des Subjektes konstitutiv ist, zu einer Vernichtungsszene, einer Quelle für ein melancholisches Gefühl, sich selbst zu verlieren, und Ursache für eine undifferenzierte Verschmelzung der Lebens- mit den Todeskräften.

Das dschihadistische Angebot gleicht dementsprechend einer Politik, die auf den Triumph des Todes ausgerichtet ist: Man könnte von einer *Thanatopolitik* sprechen. Jedoch enthält dieser Tod ein höheres Leben. Aus unserer Sicht steht der Narzissmus dem Tod gegenüber, hier aber stellt er sich in seinen Dienst. Der Tod ist gewissermaßen eine Mutter, die den Anwärter auf ein perfektes Leben gebärt. Er gibt sein nutzloses Leben eines Taugenichts dem ganz Anderen hin und erwartet sich von ihm, dass er es ihm als vollkommenes zurückgibt. In einem perfekten Leben hat das Ideal das Ich besiegt und von jedem weltlichen Objekt losgelöst. Es mag sein, dass gewisse Subjekte darin die Möglichkeit entdecken, den Suizid in ein Selbstopfer umzuwandeln, allerdings entspricht im Dschihadismus die Selbstopferung dem, was Jacques Lacan den »höchsten Narzissmus der Verlorenen Sache«[42] genannt hat. Dabei handelt es sich um die Erfahrung einer unvergleichlichen Würde, die in unseren Augen ein Verstorbener annimmt. Wenn jemand stirbt, so ist das die deutlichste und höchste Bestätigung des Wertes seiner Existenz.

Wenn ich den jungen Menschen zuhöre, die im Dschihad sterben wollen, verblüfft mich, dass sie sprechen, als ob ihnen der Tod ermöglichen würde, aus dem Leben zu erwachen. Dieses sei eine Illusion, eine Lüge, ein Schein, der sie vom wahren Leben trenne. Der Dschihad lässt sie vom Tod als der Quelle eines wahrhaftigeren Lebens träumen, das ihnen ein Genießen verschaffen würde, gegen das das aktuelle Leben nur wie eine vorübergehende Erregung wirkt.

– *Lehre vom Bösen und von der Erneuerung:* Eine der Ängste während der Adoleszenz betrifft den Zugang zur Welt der Erwachsenen und ihrer Logik, insbesondere zum Spiel des gesellschaftlichen Scheins, die als Täuschung verachtet werden. Diese Täuschung veranlasst sie zu einer Kritik der Scheinwelt, auf der die Kindheit aufgebaut war, und zum Zweifel an den Auffassungen der Erwachsenen, deren Überzeugungen der Jugendliche zerschlagen möchte, da er sie als

Illusionen oder als Verschwörungen gegen die Wahrheit empfindet. Der dschihadistische Diskurs will nun den Jugendlichen genau davon überzeugen, dass die Welt, in der er lebt, korrupt, ungerecht und von Lügen durchdrungen ist: eine Welt voller Schande. Deshalb nehmen die Verschwörungstheorien einen so wichtigen Platz ein, weil sie versprechen, die geheimen Täuschungen und Bosheiten zu enthüllen. Daraus leitet sich der Appell ab, die Heuchler auszukehren, vor allem die falschen Muslime oder sozusagen islamoide Elemente, und sich so zum Akteur einer muslimischen Erneuerung aufzuschwingen. Dieses Motiv der Ausrottung und der Erneuerung der Welt findet sich in vielen totalitären Ideologien, etwa bei den Nazis oder den Roten Khmer.

– *Vollendung des Sinns und Jüngstes Gericht:* Das jugendliche Übergangsalter ist eine Phase der Sinnleere, des Absurden der Existenz und der Überwältigung durch eine Flut von Emotionen, die nur schwer miteinander zu verbinden und zu ordnen sind. Die Sinnlosigkeit destabilisiert die Bezugspunkte der Identität, erzeugt Gefühle des Fremdseins und der Auflösung ohne absehbares Ende. Das Subjekt ist in Erwartung einer Konsolidierung und hofft auf das Ende der in ihm ablaufenden Gedankenströme. Durch die Verbreitung endzeitlicher und apokalyptischer Themen versorgt der radikale islamistische Diskurs es nun mit einer Flut von Anzeichen, die das Ende der Zeiten sowie die totale Beendigung des Sinns ankündigen. Derzeit setzt dieser Diskurs das Ende der Welt in Syrien an, indem er eine Prophezeiung beschwört, die oft von den jungen Leuten übernommen wird, welche den Plan fassen, sich auf die Reise zu machen, um das Ende der Welt nach der Wiederherstellung des Kalifats mitzuerleben, das im »Islamischen Staat« verwirklicht werde. Die Apokalypse, das ist zugleich Enthüllung und Beendigung des Sinns, finaler, wenn auch melancholischer Triumph, und zwar in Verbindung mit dem vorweggenommenen Genießen des Endsieges des Islam. Die Apokalypse ist eine totale Reinigung durch den Untergang der vorhandenen und den Beginn der anderen Welt. So sind wir von einer Epoche, in der es galt, die Welt zu verbessern, in eine Zeit übergegangen, in der man diese Welt verlassen will. Es ist wichtig, über diesen Wunsch nachzudenken, der junge Menschen dazu bewegt, durch *das Chaos* zu waten[43], ja die Akteure des Chaos sein und die Welt der Menschen in einen Albtraum verwandeln zu wollen, um in den Himmel aufgenommen zu werden. Diesen Himmelswahn kann es nur geben, wenn irdische und menschliche Hoffnungslosigkeit herrschen. Mit Grund kann man heute von einer *muslimischen Verzweiflung* sprechen.

Meine Aufzählung der Motive für die Radikalisierung ist nicht vollständig, und man könnte sie noch genauer ausarbeiten. Die Überzeugungskraft des dschihadistischen Angebots beruht auf dem verlockenden Versprechen der wahren Virilität für die Männer beziehungsweise der wahren Weiblichkeit für die Frauen, die »mehr und anders Frau« sein wollen als ihre Mütter. Der Dschihadismus verspricht eine Linderung des Leidens an der Existenz, und das in einer Entwicklungsphase, in der sich ein junger Mensch oftmals in Negativität, Verwirrung, Absurdität und Selbstherabsetzung verfangen hat.

Der Übermuslim
und seine Überwindung

Die Erfindung des Islamismus

Die Erfindung des Islamismus ist eine der wichtigsten Entwicklungen in der modernen Geschichte der Muslime. Ob man ihm anhängt oder ihn bekämpft, der Islamismus hat die Beziehungen der Muslime untereinander und zur Welt verändert. Welche Bedeutung man diesem Wort auch beimisst und unabhängig von seinem früheren Gebrauch im Westen zur Bezeichnung der muslimischen Religion[44], der Umstand, dass es in alle Sprachen, wortwörtlich oder übersetzt, Eingang gefunden hat, bestätigt die weltweite Wirkung dieses sprachlichen Phänomens.[45] Es handelt sich um eine Kategorie von großer Plastizität, aber von unbestimmtem Sinn, die Handlungen und Diskurse im Übermaß produziert. Es ist symptomatisch, dass es am Ende des 20. Jahrhunderts nicht mehr genügte, *Moslem* zu sagen; es musste das Wort *Islamist* auf den Plan treten. Wie kann man diese Umbenennung verstehen? Welche Kräfte haben diese Umwandlung bewirkt?

Man kann das, was man »Radikalisierung«, »radikaler Islam« oder »Dschihadismus« nennt, nicht ergründen, wenn man nicht versteht, was Islamismus ist, und seine Genese und die Ursachen nicht kennt, die ihn ermöglicht haben. Das Haupthindernis für das Verstehen des Islamismus ist die Tatsache, dass er ein Produkt des Islam darstellt, das in seinem Inneren aufgetaucht ist, was zur Schwierigkeit führt, Islam und Islamismus voneinander zu unterscheiden. Dieses Auftauchen, das historisch datiert werden kann, ist sowohl durch innere Voraussetzungen als auch durch äußere historische Bedingungen erklärbar, die mit der Verwestlichung der Welt zusammenhängen. Bedingung dafür ist, exakt angeben zu können, worin der Islamismus besteht, und sich nicht mit der allgemeinen Erklärung einer westlichen Dominanz zufriedenzugeben. Jede Trennung zwischen endogenen und exogenen Ursachen, ebenso wie die Interaktion von beiden, führt entweder zu einem Essentialismus, der besagt, dass die Gewalt und der Terror dem Islam genetisch eingeschrieben seien, oder zu einem Historizismus, der den Islam generell zum Opfer eines übermächtigen und schrecklichen Westens macht, woraus Islamismus und Terrorismus folgen würden. Die Verwechslung von Diskursen und Affekten hat auf dieser Ebene eine Kakofonie zur Folge, in der man angesichts der Gegenstimmen, die eine ununterscheidbare islamische Gesamtheit dafür verantwortlich machen, die Position, dass der Islamismus und seine Gewalt »nicht im Entferntesten etwas mit dem Islam« zu tun haben, kaum mehr richtig vernimmt. Bezüglich der ersten Position haben die jüngsten Arbeiten von Marcel Gauchet gezeigt, dass der radikale Islam eine Spielart des Fundamentalismus ist, der aus der Zerstörung der Tradition durch die Moderne folgt und eine große Zahl von Religionen auf der Welt betrifft. Die Sonderstellung der islamischen Variante rührt aus einer konflikthaften historischen Verschränkung des Islam mit dem Westen in religiöser und geopolitischer Hinsicht, was ihr eine besondere Intensität verleiht.[46] Die zweite Position, dass der Dschihadismus »nicht im Entferntesten etwas mit dem Islam zu tun hat«, lässt sich wiederum letztlich auf die marxistische Auffassung der Religion und die Ideologie der Linken in Europa zurückführen, wie Jean Birnbaum analysiert hat.[47]

Ich werde versuchen darzulegen, dass der Islamismus eine von Muslimen auf der Basis des Islam erfundene *antipolitische Utopie* ist, die sich gegen den Westen richtet, nicht ohne sich eines Teils seiner politischen Errungenschaften zu bedienen.

Die in den Sozial- und Politikwissenschaften seit mehr als vierzig Jahren vorherrschende Meinung erklärt den Islamismus mit dem Auftauchen des »politischen Islam«. Demnach wären die Islamisten Befürworter einer neuen politischen Ideologie, die nach der Macht strebt und einen Staat errichten will, der sich auf die muslimische Religion bezieht. Je nach Standpunkt versteht man darunter entweder die Politisierung der Religion oder den Eintritt der Religion in das Politische.[48] Das Problem dabei ist, dass es in der muslimischen Welt nie eine Form der Politik gegeben hat, die nicht mit der Religion verbunden gewesen wäre, und dass die regierende Macht kaum vom Religiösen zu trennen war. Das Neue findet sich auf einer ganz anderen Ebene. Mit Ausnahme der Periode der Predigten Mohammeds und vielleicht einiger seiner unmittelbaren Nachfolger war die Unterordnung der Religion unter die politische Macht die Regel. Diese Praxis hat in der Geschichte der muslimischen Welt bis zu den postkolonialen Staaten und über das Osmanische Reich hinaus dominiert. Der jeweilige Herrscher ist kein Theologe, auch wenn er sich, um seine Herrschaft zu legitimieren, den Titel »Oberhaupt der Gläubigen« oder Kalif verleiht. Die Funktion der Religion ist an ein geistliches Gremium delegiert – Ulema bei den Sunniten, Mullahs bei den Schiiten –, Funktionäre, denen im Namen des Herrschers oder des Staates die Verwaltung des Personenrechts, der Bildung und der Religionsausübung obliegt. Wenn es einen *politisch-theologischen*[49] Dualismus gibt, dann in dem Sinne, dass der Diskurs der Religion das Fundament der Gesetze (Scharia) bildet, während die Befehlsgewalt auf eine temporäre Macht zurückgeht, wie auch immer die Bezeichnung ihres Inhabers lautet: Kalif, Malik, Sultan, Emir. Deshalb konnte man in der islamischen Welt bis zur Iranischen Revolution nicht von einer Theokratie im eigentlichen Sinne sprechen.

Ich stelle die Hypothese auf, dass die Erfindung des Islamismus den Zweck hat, das Paradigma der politischen Befehlsgewalt umzukehren. Um sich vom Wildwuchs der islamistischen Theorien nicht verwirren zu lassen – einige geben vor, eher eine politische als eine religiöse Bewegung zu sein oder eine Mischung aus beidem anzustreben –, kann man sich auf den Grundsatz zurückziehen, dass die fundamentale Zielrichtung des Islamismus darin besteht, die *Unterordnung des Politischen unter das Religiöse so weit zu treiben, bis es darin verschwindet.* Hält man sich nicht an diesen Faden im Labyrinth der islamistischen Bewegungen und ihrer kleinen Unterschiede, bleibt eine Reihe von zentralen Ereignissen seit den Siebzigerjahren unverständlich.

1979: Die islamische Revolution im Iran stellt innerhalb der muslimischen Tradition, sowohl bei Sunniten wie Schiiten, ein Novum dar, insofern sie auf der Idee beruht, dass die Geistlichen an der Spitze der Macht stehen müssen. Dem iranischen islamischen Staat steht der Oberste Führer, ein Ayatollah, vor, der von einem religiösen Expertenrat gewählt wird. Er fungiert als Wächter des religiösen Rechts *(Welāyat-e Faqīh)* und als Oberbefehlshaber der Armee, dem der Präsident der Republik untergeordnet ist. Das ist das Prinzip der *Statthalterschaft des Rechtsgelehrten,* auf dem die erste Theokratie in der muslimischen Welt errichtet wird. Das saudi-arabische Regime ist entgegen einer weitverbreiteten Meinung keine Theokratie; es handelt sich um eine Familienmonarchie, die dem Wahhabismus anhängt und die sich das Privileg gegeben hat, die heiligen Stätten zu beschützen, aber keiner ihrer Könige ist Theologe oder ein oberster geistlicher Führer und hat als solcher regiert.

1996: Die Gründung des Islamischen Emirats Afghanistan ist, wie der Name sagt, kein Staat – es gab keine islamische Verfassung und Mullah Omar stand keiner Regierung vor, befehligte aber die bewaffneten Kräfte der Taliban. Hier ist die Politik auf eine Macht reduziert, die mit Gewalt die Unterwerfung der Bevölkerung (die Gemeinschaft der Gläubigen) unter die sehr strengen Regeln des rigorosen Wahhabismus fordert, der auf der wörtlichen Anwendung der Scharia basiert. Die Gläubigen sollen in ein direktes und kontinuierliches Verhältnis zum souveränen göttlichen Gesetz gebracht werden, indem man die Möglichkeiten, sich abzulenken oder zu amüsieren, eliminiert. Daher haben die Taliban die Buddhastatuen von Bamiyan zerstört, weil ihr Anblick geeignet ist, die Verehrung des undarstellbaren Gottes zu stören. Sie verlangten von den Afghanen, die traditionelle Vogelliebhaber sind, die Vögel freizulassen, damit ihr Gesang die Gläubigen nicht bei ihren Gebeten stört. Sie haben den Kindern verboten, mit ihren Drachen zu spielen, die den Himmel über Kabul aufheiterten, damit sie nicht vom Koranunterricht abgehalten werden. Schließlich mussten die Frauen vollständig bedeckt sein, weil ihr Körper Zeichen des Begehrens aussendet, die die Männer von den Vorschriften des Korans ablenken. Kurz gesagt, der Triumph der Religion erfolgt über die Ausrottung aller von Gott *ablenkenden Zeichen,* damit kein Raum übrig bleibt, in dem sich seine Souveränität nicht manifestieren würde.

2014: Die Proklamation des »Islamischen Staates«, dessen erste Form 2006 im Irak das Licht der Welt erblickt hat. Sein Ziel ist die Wiedererrichtung der ursprünglichen Einheit der islamischen Gemeinschaft, wie sie zur Zeit des Propheten bestanden haben soll, als dessen angeblicher Stellvertreter (Kalif) Abu Bakr al-Baghdadi fungiert.

Seine Strategie beruht auf der »Verwaltung der Barbarei«, wie der Titel einer 2004 erschienenen Abhandlung[50] lautet, die auf die Zerstörung aller sozialen Institutionen und in erster Linie der Staaten abzielt, um Chaos zu erzeugen, in dessen Folge eine Ordnung aufgezwungen werden kann, die auf der strengen Anwendung der Scharia beruht. Das Prinzip des IS ist die definitive Ununterscheidbarkeit zwischen dem Religiösen und dem Politischen. Die Macht gehört einem Schöpfer, dessen Richterspruch sich kontinuierlich in seinen Strafen ausdrückt. Die Gräueltaten, die permanent zur Schau gestellt werden, künden vom Willen eines Gottes, der mit seinen Geschöpfen macht, was er will und wann er es will. Es handelt sich um die absolute Souveränität, die sich durch ein unbegrenztes grausames Genießen in Szene setzt und vor der es kein Entrinnen gibt.

Diese drei Beispiele, das erste aus der schiitischen Welt, die beiden anderen aus der sunnitischen, verwirklichen das erklärte Ziel des Islamismus, das nicht in der Politisierung der Religion besteht, sondern in der Absorbierung des Politischen durch das Religiöse. Wenn die modernen Sozial- und Politikwissenschaften vom »politischen Islam« sprechen, projizieren sie daher ihre eigenen Denkkategorien auf das Projekt des Islamismus. Die Hoffnung, dass sich das Tausendjährige Reich erfüllt, wurde von dem früheren Anführer der iranischen Revolution, Khomeini, mit Aussagen wie »Schluss mit dem Quietismus, Schluss mit dem Warten auf ein Ereignis, das eines Tages bestimmt kommen wird, das aber nicht eintreten wird, wenn man nichts unternimmt. Man muss das Reich Gottes hier und jetzt verwirklichen«[51] ganz eindeutig artikuliert. Man kann den Ausdruck »das Reich Gottes hier und jetzt« als das Ende der Hoffnung *hic et nunc* betrachten, die aus dem menschlichen politischen Wirken hervorgeht, und als Zustimmung zu einer Herrschaft der Religion ohne Aufschub. Das ist *die Utopie der Außerkraftsetzung des Politischen oder das Ende der Politik durch die Religion.*

Die beiden sunnitischen Beispiele stellen eine andere Form der Außerkraftsetzung des Politischen dar, die sich auf die Lehre von Ibn Taymiyya (1263–1328) gründet. Für diesen Theologen, auf den sich die salafistischen, quietistischen und dschihadistischen Bewegungen beziehen, ist die politische Führung durch Menschen illegitim, denn es ist Gott allein, dem das Recht zu regieren obliegt. Seine Überlegung beruht auf zwei speziellen Argumenten: Das eine besagt, dass es nicht das Ziel der Offenbarung des Propheten war, einen politischen Staat zu schaffen. Das zweite, dass weder der Koran noch die Empfehlungen, die der Prophet zu seinen Lebzeiten abgegeben hat, Hinweise auf eine politische Ordnung und ihre Organisation enthalten. Ibn Taymiyya legte Interpretationen der Koranverse und der Reden des Propheten vor, von denen eine in diesem Zusammenhang erwähnt zu werden verdient: »Gott hat mich vor die Wahl gestellt, ein ›dienender Gesandter‹ zu sein oder ein ›Propheten-König‹, und ich habe mich entschieden, ein ›dienender Gesandter‹ zu sein.«[52]

Diese Auslegung könnte als Verzicht auf eine Zusammenlegung der politischen mit der theologischen Funktion gedeutet werden, die in den Imperativ mündet, beide voneinander zu trennen. Ibn Taymiyya aber leitet daraus die Bestätigung dafür ab, dass das Politische im Islam kein Heimatrecht hat. Es ist einzig und allein das Gesetz, das sich dem Propheten enthüllt hat, das zählt. Das unterscheidet sich sehr von der weitverbreiteten Ansicht über den politischen Islam. Die Erfindung des Islamismus orientiert sich ursprünglich am Denken Ibn Taymiyyas, für den es keine andere Politik als die Religion gibt: *Die Religion ist das Politische und die Politik*.

Alle anderen Versuche als diese drei (ob, wie bei der Version der Taliban, auch nur für fünf Jahre) verwirklichten Formen der Utopie vom Ende des Politischen, ob sie gescheitert sind oder noch andauern, beruhen auf demselben fundamentalen Ziel des Islamismus. Seien es die Islamische Heilsfront (Front islamique du Salut) in Algerien (1992), die Muslimbrüder in Ägypten (2013), denen das Militär die Macht wieder entrissen hat, oder auch die Ennahda-Bewegung in Tunesien (2014), die abgewählt wurde, – ihr theoretischer, den jeweiligen Ländern angepasster und mit unterschiedlichen Strategien durchgeführter Korpus stammt aus denselben Quellen. Was die Ennahda in Tunesien betrifft, der ein moderater Islam unterstellt wird, hat der Generalsekretär und Anwärter auf das Amt des Premierministers gleich nach Verkündung des Wahlergebnisses vor seinen Gefolgsleuten verkündet, dass das Reich des Sechsten Kalifats gekommen sei. In der Folge hat die Partei während der zwei Jahre an der Macht nichts unversucht gelassen, die Scharia in die Verfassung einzuschreiben und die Gleichheit von Mann und Frau ganz in Übereinstimmung mit dem muslimischen Recht zugunsten des Prinzips der »Komplementarität und der Äquität« auszusparen. Auf individueller Ebene handelt es sich um das Begehren, das Politische auf das Religiöse zu reduzieren, was psychologisch gesehen die Tendenz zum *Übermuslim* hervorgebracht hat, den man zusammenfassend mit der Parole charakterisieren kann, die aus dem Mund eines Aktivisten zu vernehmen war: »So wie die Souveränität nur aus einem einzigen Gott hervorgeht, und das ist Allah, gibt es nur eine Politik und das ist die muslimische Religion.« Das ist, jenseits der Vielfalt der Islamisten, der Geist des Islamismus. Kategorien wie »theologisch-politisch« oder »politische Theologie« sind Projektionen, die aus einem modernen Diskurs stammen, ein Erbe des Christentums und des Denkens von Aristoteles, dessen *Politik* von den Arabern nicht übersetzt worden ist. Diese

Kategorien tauchen im Islamismus nicht auf, für den *es nur die Theologie gibt, die die Angelegenheiten der Gemeinschaft der Gläubigen organisiert und leitet.*

Wie ist zu verstehen, dass ein Theologe des 13./14. Jahrhunderts wie Ibn Taymiyya in der modernen Welt eine so beachtliche geistige Nachkommenschaft haben konnte? Der Rückgriff auf Erklärungen, die das Problem als zum Islam gehörend auffassen (essentialistische These), erlaubt es nicht zu verstehen, weshalb ein Autor, der einer sehr kleinen theologischen Schule angehört (der Hanbalismus betrifft heutzutage 8 Prozent der Muslime) und der sich für das Ende des Politischen durch die Religion ausspricht, zur Hauptquelle eines Wandels von historischem Ausmaß werden konnte. Man muss sich darauf besinnen, dass die Theorie von Ibn Taymiyya im Kontext der Erstürmung des Mittleren Ostens durch die Mongolen und des Untergangs des arabischen Reiches auftaucht, das ein halbes Jahrtausend existierte (1258: die Zerstörung Bagdads). Dieser in Damaskus lebende Theologe erlebte die Angriffe von Ghâzân Khan, dessen Konversion zum Islam als geheuchelt betrachtet wurde, auf die Syrer hautnah mit. Ghâzân Khan stand im Verdacht, unter der Hand die Kultur der mongolischen Gesetze einzuführen.[53] Wie auch immer man ihn sonst noch charakterisiert, Ibn Taymiyya ist der Gelehrte, der zum radikalsten Dschihad aufruft und der im Hinblick auf den totalen Widerstand gegen den Feind am konsequentesten den geistigen Boden bereitet. Sein Denken wurde im Verlaufe der westlichen Feldzüge im 18. Jahrhundert für die Geistlichen wieder brennend aktuell und noch einmal, als die koloniale Vorherrschaft im 19. Jahrhundert begonnen hatte, die Fundamente der islamischen Gesellschaften ins Wanken zu bringen.

Die Proklamation Napoleons vom 1. Juli 1798 in Alexandria, in der der Eroberer den Respekt vor dem Islam, ja sogar seine angebliche Islamität beschwört, erfolgte nicht, ohne das Misstrauen der Geistlichen dieser Zeit zu erregen:

> Im Namen Gottes, des Allerbarmers, des Barmherzigen, es gibt keinen Gott außer Gott, es gibt keinen Sohn, keine Verbindung zu seinem Reich [...]. Volk von Ägypten, man wird Euch sagen, dass ich komme, um Eure Religion zu zerstören. Glaubt es nicht: Antwortet, dass ich komme, um Eure Rechte wieder herzustellen, die Usurpatoren zu bestrafen und dass ich Gott, seinen Propheten und den Koran mehr respektiere als diese Mameluken [...]. Richter, Scheichs, Imame und Tschorbadschis sagt dem Volk, dass wir auch wahre Muslime sind. Ist es nicht so, dass wir den Papst vernichtet haben, der gesagt hat, dass man Krieg gegen die Muslime führen muss? Ist es nicht so, dass wir den Malteser Ritterorden geschlagen haben, weil er nicht aufgehört hat zu glauben, Gott wolle, dass sie Krieg gegen die Muslime führen?[54]

Al-Jabarti, ein Gelehrter aus Kairo, der zur Zeit des Feldzuges von Napoleon gelebt und eine Chronik erstellt hat, hält die ersten drei Sätze der Proklamation für äußerst suspekt. Er analysiert sie wie folgt:

> [E]s heißt darin, dass die Franzosen mit den drei Religionen übereinstimmen, aber gleichzeitig stimmen sie kei-

> ner von ihnen zu. Sie schließen sich den Muslimen an, indem sie die Formel »im Namen Gottes« sprechen, gleichzeitig lehnen sie die Existenz Gottes oder eine Verbindung zu ihm ab. Sie folgen den Muslimen nicht, weil sie die zwei Artikel des Glaubens nicht erwähnen, weil sie den göttlichen Auftrag Mohammeds und die gesetzgebenden Worte und Handlungen ablehnen, die notwendigerweise durch die Religion anerkannt werden. Sie folgen in der Mehrzahl ihrer Aussagen und Handlungen den Christen, aber sie folgen ihnen nicht darin, die Trinität zu erwähnen, und sie lehnen den göttlichen Auftrag ab, viel mehr noch, sie erkennen die Gläubigen nicht an, töten die Priester und zerstören die Kirchen.[55]

Im Klartext: Die Proklamation ist eine Täuschung und eine Ausflucht, die Franzosen sind hinsichtlich keiner Religion glaubwürdig:

> Deshalb sind diese Leute gleichzeitig gegen Christen und Muslime, und sie sind nicht wirklich einer Religion verpflichtet. Ihr seht, dass sie als Materialisten handeln, die die Eigenschaften Gottes und das Weiterleben nach dem Tode leugnen, und dass sie die Weissagung und die Botschaft ablehnen.

Nach al-Jabartis Diagnose ist die Konzeption der Invasoren und die von ihnen vertretene und anderen aufgezwungene Weltordnung als areligiös zu bezeichnen. Dieses Urteil wird im Folgenden nur noch verstärkt. Al-Jabarti schreibt:

> Die Franzosen sind, trotz ihrer Beteuerungen, ganz und gar Ungläubige. Sie sagen, sie respektieren den Koran, aber das hindert sie nicht daran, ihn zu berühren, nachdem sie uriniert haben. Und überhaupt, es handelt sich um ein unhöfliches Volk, dessen Männer sich (den Bart) rasieren und mit ihren Schuhen über wertvolle Teppiche gehen [...]. Ihre Frauen bedecken sich nicht und haben keine Scham. Jedes Mal, wenn ein Franzose seine natürlichen Bedürfnisse verrichten will, tut er das dort, wo er sich gerade befindet, selbst vor Leuten [...]. Sie trinken in der Öffentlichkeit Alkohol und ermuntern die Frauen, ohne Schleier aus dem Haus zu gehen.

Die drei Vorwürfe in dieser Passage, die man später unverändert im Islamismus wiederfinden wird – *die Lästerung des Korans, die Missachtung der Sitten* und *die Schamlosigkeit der Frauen* –, machen die Franzosen, trotz der Politik Napoleons, sich der Religion gegenüber als wohlwollend zu deklarieren, zu Schändern der Heiligtümer des Islam. Deshalb wurde der Feldzug von Ägypten in den Augen der Geistlichen zu einem neuen Kreuzzug, auf den man mit dem Dschihad antworten muss. Auch wenn al-Jabarti eine relativ kritische Haltung gegenüber den Geistlichen einnimmt, auch wenn er gegen Repressalien gegenüber Christen starken Einspruch erhebt, fällt er infolge der Massaker, die von der französischen Armee verübt worden sind, ein äußerst strenges Urteil über die Sittenlosigkeit der Frauen:

> [Die französischen Frauen] gehen ohne jeden Stolz und jede Scham aus. Als die Franzosen nach Kairo kamen –

manche von ihnen mit ihren Frauen –, verkehrten sie zusammen mit ihren Frauen auf der Straße. Die Damen hatten das Gesicht nicht bedeckt, trugen Röcke, farbige Tücher oder bestickte Kopftücher aus Kaschmir, die ihnen über die Schulter rutschten. Sie stiegen ohne Rücksicht auf Pferde und Esel, lachten laut und schallend, sie scherzten mit den Vermietern der Reittiere und mit den Ganoven. Man sah auch primitive (ägyptische) Frauen und Frauen, die sich nicht beherrschen konnten, die sich wegen ihrer Großzügigkeit und Gefälligkeiten dem schönen Geschlecht gegenüber unter die Franzosen mischten [...].

Die Angst vor der Ansteckung der muslimischen Frauen stellt sich etwas später heraus:

Gleiches spielte sich in den Verwaltungen der Stadtbezirke ab. Man sah muslimische Frauen, die sich wie Französinnen kleideten. Sie trafen sich mit den Beamten der Stadtbezirke, um Bürgerangelegenheiten oder die allgemeinen Gerichtsentscheide zu kontrollieren, um Befehle oder Verbote anzuordnen oder Aufrufe an die Menschen zu lancieren. Die Frau ging ganz allein umher oder mit einigen Begleiterinnen oder mit von ihr eingeladenen Personen desselben Standes. Vor ihr schritten Angehörige oder mit einem Stock bewaffnete Diener, und die Leute betrachteten das Spektakel wie den Auftritt des Polizeioffiziers. Man sah sie Entscheidungen treffen, befehlen und verbieten.[56]

Wenn das, was der Westen den Frauen erlaubt, seit den ersten Feldzügen der Franzosen als schwere Bedrohung empfunden worden ist, dann deshalb, weil ihre Präsenz im öffentlichen Raum eine Unterwanderung der theologischen Ordnung des Islam darstellt, für die das Wesen der Frau seiner Natur nach antireligiös ist. Die soziale Sichtbarkeit des weiblichen Körpers bedeutet daher im Islamismus die Existenz eines politischen Körpers frei von Religion. Darin liegt eine der Hauptursachen für die Erfindung des Islamismus als antipolitische Utopie.

Um den Schock dieser Begegnung mit den Franzosen und den nachhaltigen Eindruck nachvollziehen zu können, den diese bei den ägyptischen Muslimen und durch die Berichte der Reisenden und Chronisten im Bewusstsein der muslimischen Welt hinterlassen hat, braucht man nur die schlüssigen Betrachtungen heranzuziehen, die Henry Laurens in seinem Buch *L'expedition d'Égypte* anstellt:

> Weit davon entfernt, in den Augen der *Ulama* [sunnitische Theologen] als Erfinder eines neuen Universums dazustehen, werden die französischen Revolutionäre als Wiedergeburt der antiken Materialisten oder des klassischen Islam aufgefasst […]. Die Franzosen verneinen die Offenbarungsreligionen, sie entsprechen denjenigen, die in islamischen Büchern über Häretiker als Atheisten definiert werden, oder im besten Falle denen, die an die Vernunft glauben, das heißt an eine der Offenbarung unterlegenen Ordnung des Wissens […]. Bewundernswert an ihnen ist, dass sie aus den Wissenschaften und der Technik den Gebrauch der Vernunft ableiten. Ansonsten

> zeigen ihr Verhalten und ihre Reden zur Genüge, dass sie nur Heuchler sind.[57]

Der Begriff Heuchelei, wie Henry Laurens ihn verwendet, ist in diesem Zusammenhang wichig. Er entspricht einem Konzept aus dem Koran *(mundâfiq),* das diejenigen beschreiben soll, die sich als Muslime ausgeben, um ihre Ungläubigkeit zu verschleiern. Der Begriff Konzept geht direkt in die Kategorie der »Perversion« über, die nach Ibn Taymiyya die bedeutsamste Heuchelei darstellt und noch schlimmer ist als die Ungläubigkeit. Sie impliziert in der Logik des Islamismus die Anklage der Apostasie, anders gesagt, die Verleugnung des Gesetzes durch einen als Muslim Geborenen, der aus Sicht radikaler Gruppen die Todesstrafe verdient. Das gibt ihnen ganz generell das Recht, Muslime zu töten, insbesondere jene, die ich als *separierte Muslime*[58] bezeichnet habe, insofern, als sie sich im Politischen nicht mehr den theologischen Prinzipien des Islam verpflichtet fühlen. So lässt sich sagen, dass aus der Ägyptischen Expedition und dem von Kanonenbooten und Forschungsschiffen flankierten brachialen Einzug der Aufklärung die Ausweitung der Masse der »Heuchler« auf dem Boden des Islam resultiert, gegen die sich die Erfindung des Islamismus erhebt.

Unter den Szenen, die die große Herausforderung des säkularen Westens für die frommen Muslime von Kairo zeigen, ist diejenige sehr aufschlussreich, die der *Courrier de l'Égypte* vom 22. Dezember 1798 berichtet. Es handelt sich um eine Episode, die man als »Urszene« des Islamismus bezeichnen könnte. Sie hat sich während eines Abendessens abgespielt, an dem Napoleon und die Scheichs von Kairo teilgenommen haben:

> Vor und nach dem Abendessen wurde Konversation getrieben. General Bonaparte sagte den Scheichs, die Araber hätten zur Zeit der Kalifen die Künste und die Wissenschaften gepflegt, lebten aber heute in einer tiefen Unwissenheit und es sei ihnen nichts vom Wissensschatz ihrer Vorfahren geblieben: Scheich Sadat antwortete, es sei ihnen der Koran geblieben und der umfasse alles Wissen. Der General wollte wissen, ob der Koran lehre, wie man Kanonen herstellt. Alle anwesenden Scheichs antworteten beherzt mit ja.[59]

Diese Szene erscheint auf den ersten Blick wie die Ankündigung der Geburt des Islamismus in Reaktion auf die gewaltsame Begegnung mit der westlichen Macht. Sie birgt in sich das Motiv der Demütigung aus dem Mund des Siegers: Sie besitzen nichts von ihrer alten Kultur, während die meine die technische Stärke entwickelt, der sie sich fügen müssen; darauf wird der Islamismus antworten, dass alles schon im Koran steht, und daraus die Notwendigkeit ableiten, den religiösen Widerstand durch eine totale Sakralisierung auszuweiten. Diese Szene enthält auch eine Anspielung auf die Unwissenheit der theologischen Lehren hinsichtlich der historischen Verschiebung des absoluten Wissens von Gott zu den Menschen; darauf wird der Islamismus mit dem *Theoszientismus*[60], d.h. mit dem Versuch eines Nachweises antworten, dass alle modernen wissenschaftlichen Entdeckungen bereits in verschlüsselter Form im Koran enthalten seien. Die Konsequenz daraus ist, dass der Fehler nicht im Koran liegt, sondern an den Muslimen, die es nicht verstanden haben, das Wissen daraus zu extrahieren. Daraus wird das Urteil abgeleitet, dass ihr Glaube schwach geworden und ihr Abtrünnigwerden daher als Ursache für ihren Niedergang zu sehen sei. Von daher die Selbstvorwürfe und die Buße, die Herabsetzung, die Neuidealisierung und die heilige Pflicht, mehr und immer noch mehr muslimisch zu sein. Das ist die psychologische Erfindung des *Übermuslim.*

Als Folge der Ägyptischen Expedition und aller weiteren Feldzüge wurde die Reform der arabischen Provinzen des Osmanischen Reiches zur unvermeidlichen Pflicht. Die französischen Revolutionäre kamen mit zwei Konzepten im Köcher der Aufklärung, die ihre selbstbewusste Macht demonstrieren sollten, die Macht der *Kultur* und die Macht der *Nation,* die sehr eng miteinander verknüpft sind.[61] Das heißt, dass die Kolonialisierung ihre Dampfwalze im Namen einer *Politik der Kultur und der Nation* zweigleisig rollen lässt: materiell und moralisch. Für diese Art von Politik hat die Transformation der Welt und der menschlichen Handlungen nach den Regeln der Rationalität zu erfolgen. Gemeinhin wird davon ausgegangen, dass diese Politikauffassung im industrialisierten und liberalen Westen ihren Höhepunkt erreichte, während sie im handwerklichen und despotischen Orient ihren Niedergang erlebte. Napoleon Bonaparte hat sehr rasch die Idee einer arabischen Nation ins Spiel gebracht, die später von Napoleon III.[62] wieder aufgegriffen wurde, und trotz Ablehnungen und Neuauflagen setzte sich die Idee *des Nationalen* mit dem Zerfall des Osmanischen Reiches und dem antikolonialistischen Kampf als neue politische Utopie schlussendlich durch – während der Islamismus sich gegen sie auflehnt und aus ihr aussteigen will, auch heute noch.

Ab dem 19. Jahrhundert nahmen die Reisen der Muslime nach Europa, die bis dahin eher selten waren, zu und führten zur Entstehung von Reiseberichten, die den Wunsch anfachten, sich die wissenschaftlichen und politischen Erfindungen des Westens anzueignen. Die Berichte von den Parisaufenthalten des ägyptischen Imams al-Tahtawi[63], der vom Vizekönig Mehmet Ali in die Hauptstadt entsandt wurde, und des tunesischen Gelehrten Bin Dhiaf[64], der den Bey von Tunis begleitet hat, belegen, dass ihre Autoren, obwohl sie von ihren Entdeckungen in der westlichen Zivilisation geblendet waren, ihre kritische Einstellung gegenüber dem Westen ebenso wenig aufgegeben haben wie das Bestreben, ihre muslimische Herkunft und ihre moralischen Werte zu bewahren. Es ist nicht wahr, dass ihr Interesse an der Aufklärung des Westens zu ihrer Verwestlichung geführt hätte, wie die Islamisten behaupten.

So will al-Tahtawi in der Scharia die Trennung der drei Gewalten von Montesquieu wiederfinden, dessen *Betrachtungen über die Ursache von Grösse und Niedergang der Römer* (1734) er später übersetzte, um Aufschluss über den Entwicklungsstand der arabischen Zivilisation zu bekommen. Er wird daraus den Begriff der »Vaterlandsliebe« *(hubb al-watan)* schöpfen, um ihn dann als eines der Erziehungsprinzipien in Ägypten festzuschreiben. Daraus ergibt sich, dass der Begriff *ägyptische Nation* nicht existierte oder zumindest nicht von grundlegender Bedeutung war. Bin Dhiaf berichtet über ein vielsagendes Gespräch, das er im Laufe einer Besichtigung der Champs-Élysées mit dem Bey führte. Auf sein ausgedrücktes Entzücken über ihren Aufenthaltsort entgegnete ihm Ahmed Bey, dass er Heimweh habe und mit Sehnsucht an die Gerüche denke, die die Krapfenbäcker am Eingangstor Bab Alioua, einem der populären Viertel in der Medina von Tunis, verbreiten:

> Während ich die Luft der Freiheit einatmete, mich an ihr labte und mit den Füßen auf ihrem Boden stand, antwortete ich ihm im Scherz: ›Ihr habt recht. Denn wenn Ihr durch dieses Tor [Bab Alioua] geht, könnt Ihr machen, wie Euch beliebt, während Ihr hier ein gewöhnlicher Mensch seid.‹ Der Bey antwortete darauf: ›Gott möge Euch vergeben. Warum denkt Ihr nicht an meine Liebe zum Vaterland *(watan)* und daran, wie verschieden es anmutet?‹ Ich antwortete: ›Dieses Land lässt einen die Heimat und die Vorfahren vergessen.‹ ›Wir reagieren‹, antwortete der Bey, ›wie in dem bekannten Sprichwort: Wer den Weizen der anderen sieht, wirft seine Gerste weg.‹[65]

In der arabischen Sprache taucht also das Wort *Nation* in der Übersetzung von *watan* auf, das bis vor Kurzem im Zusammenhang mit *Geburt und Herkunft* gebraucht wurde, jetzt aber subjektiv im Sinne von *Vaterland/patrie* gedeutet und im Politischen mit der Idee des Nationalstaates verbunden wird. Allerdings steht das Prinzip der politischen Souveränität im Widerspruch zur mütterlichen und einheitlichen Gemeinschaft der islamischen Theologie, zumal die Abschaffung des Kalifats 1924 durch Kemal Atatürk die Verbindung mit *dem Mutterland/matrie* (der Umma[66]), das der Name für die muslimische Gemeinschaft ist, gekappt hat. Das bedeutet den Verlust der Klammer zwischen der Souveränität und der Gemeinschaft der Gläubigen. Seither gibt es im Islam kein universelles politisch-theologisches Subjekt mehr. Zugleich mit der Errichtung des ersten laizistischen Staates in der Türkei wurde auch der Beweis erbracht, dass man auf die Ordnung der Scharia als Grundlage der Gesetze verzichten kann. *Gott ist in der staatlichen Gewalt außer Kraft gesetzt.* Das ist die Katastrophe am Ursprung der antipolitischen Utopie des Islamismus, der die Muslimbrüder 1928 die erste Struktur einer öffentlichen Organisation gegeben haben. Im Kampf gegen den Kolonialismus gab es eine Allianz zwischen dem Nationalismus und der Religion, die dann während der Errichtung des Nationalstaates aufgrund der potenziellen Antilogie der Ideen und Affekte die Form einer Konfrontation angenommen hat: Bruderschaft der Muslime gegen Staatsbürgerschaft, religiös-moralische Emotion gegen Liebe zur Nation.

Das also sind die Protagonisten des Kampfes, der sich heute wieder auf der Weltbühne abspielt. Ist es angesichts der aus der Revolution stammenden *Politik der Kultur und der Nation* und ihrer kolonialen Projektion ein Zufall, dass ausgerechnet Frankreich in diesen Kampf verwickelt ist? Er findet in den französischen Banlieues statt, aber auch in den ägyptischen und oder tunesischen städtischen Ballungszentren. Er befindet sich an der Wurzel aller Gewalt des Islamismus, der die benachteiligte und frustrierte Jugend mit einem erbitterten Opferbegehren ausstattet. Es ist klar, dass durch das Opfer der jungen Leben jeder Diskurs über die

Liebe zum Tod, das Märtyrertum, die Prävalenz der Rechte aufs Paradies gegenüber den Menschenrechten und über den Islamismus auf ein Hegel'sches Schema von Herr und Knecht zurückgreift. Dieser Diskurs will der Religion die Macht zurückgeben und das Königreich Gottes errichten. Er denkt nicht nur, dass die säkularisierte Politik, die eine Form der westlichen Dominanz ist, auf einer gottlosen Hypothese aufbaut – diese unterstellt die Abwesenheit Gottes in den Regierungen der Menschen –, sondern auch, dass diese Hypothese, die für die postkolonialen Nationalstaaten die Form einer Utopie angenommen hat, ihr Versprechen nicht gehalten und darin versagt hat, auf die fundamentalen Bedürfnisse der Benachteiligten Antworten zu geben. Die Benachteiligten sind nicht einfach die im materiellen Sinne Armen, sondern alle Muslime, denen das religiöse Erbe gestohlen wurde und die verzweifelt sind, weil ihnen der Sinn verloren gegangen ist. Dieser Diskurs bietet also entgegen jeder autonomen Form von Politik eine ultrareligiöse Antwort auf die Verzweiflung der Muslime.

Der Übermuslim

»Dounia sagt von ihrem Lebensgefährten Ahmed, mit dem sie zwei Kinder hat: Er hat weder Angst vor dem Tod noch davor, ins Gefängnis zu gehen. Er kommt sich als Übermensch vor, aber er hat sich vollkommen verirrt.«

Soren Seelow, »Wie ›behandelt‹ man die Anwärter für den Dschihad?«
Le Monde vom 29. Dezember 2014

Mit »Übermuslim« soll die Zwangsvorstellung bezeichnet werden, das einen Muslim drängt, den Muslim, der er ist, durch die Vorstellung von einem Muslim, der noch muslimischer sein muss, zu überbieten. Es handelt sich um das Verhalten eines Subjekts, das den Vorwürfen, vom Glauben abzufallen, die es sich selbst macht, ebenso ausgeliefert ist wie den Belästigungen durch Legionen medienwirksamer Prediger, die es den ganzen Tag der schlimmsten moralischen Vergehen anklagen und das Subjekt dazu verdammen, »Brennmaterial für die Hölle« zu sein. Es wird aufgefordert, sich mit dem vorbildlichen Muslim, dem Propheten und den Vorfahren[67], zu identifizieren, um aus dem vergangenen Leben ein gegenwärtiges zu machen und aus dem seinen das Leben eines Wiedergängers. Der Imperativ des Übermuslims ist nicht: »Werde!«, sondern: »Werde wieder wie die Ahnen!« Denn für ihn hat das Gute bereits stattgefunden, ist die Verheißung schon erfüllt worden, es gilt nur noch, das Vergangene wiederzufinden, das Ende der Welt zu erwarten oder besser noch: es herbeizuführen.

Übermuslim ist eine Diagnose des psychischen Lebens der Muslime, die vom Islamismus durchdrungen sind und von Schuldgefühlen und vom Opfer geplagt werden. Er verlangt von ihm, Buße zu tun und zu bereuen, sich zu reinigen und ein Leben ganz in Übereinstimmung mit dem Koran zu führen. Auch wenn man grundsätzlich zwischen der Tendenz zum Übermuslim und seiner Vollendung unterscheiden kann, sind die Grenzen in der Realität fließend und die Übergänge unvorhersehbar, auch wenn das Vorstadium häufiger ist als die tatsächliche Inkarnation des Übermuslims. Konkret kann man die Verhaltensweisen des Übermuslims bei Gläubigen beobachten, denen es nicht genügt, die Religion im Rahmen der Tradition zu leben, die auf die Idee der Demut gegründet ist. In der Tat ist eine der wichtigsten Bedeutungen des Namens »Muslim« *der Demütige.* Das ist der fundamentale ethische Kern des Islam. Beim Übermuslim handelt es sich im Gegensatz dazu darum, der Welt den Stolz auf seinen Glauben zu zeigen: *islam pride.* Er kommt durch öffentliches Kundtun zum Ausdruck: ein Gebetsfleck auf der Stirn, das Gebet auf der Straße, körperliche und kleidungsmäßige Erkennungszeichen, die Steigerung der Rituale und der Vorschriften als Beweis für die ständige und jederzeit abrufbare Nähe zu Allah. Die Übermuslime geben vor, die Stimme Gottes in der Welt zu sein, und ergießen ihren Hass über alle, die nicht Feuer und Flamme für ihren

Glauben sind. Man könnte sie auch die »Allahmentierer« nennen, so oft wie sie *Allah akbar* ächzen. Dieser Ausruf, der im Prinzip denjenigen, der ihn zum Ausdruck bringt, an seine Wenigkeit erinnern soll, ist hier zur Manifestation einer Selbstgefälligkeit geworden, zur Macht, sich alles erlauben zu können. Sie töten, während sie allahmentieren. Sie ordnen sich Gott nur unter, um ihn sich zu unterwerfen. Deshalb wirkt die Figur des Übermuslims anziehend auf Delinquenten und solche, die es werden wollen; sie konvertieren aufgrund des Begehrens, im Namen des Gesetzes außerhalb des Gesetzes zu stehen, eines Gesetzes, das sie über alle Gesetze stellen, mit dessen Hilfe sie ihre antisozialen Bestrebungen adeln und ihre mörderischen Triebe heiligen. Der Übermuslim sucht ein Genießen, das man als »Mensch-Gott-Inzest« bezeichnen könnte, weil ein menschliches Wesen vorgibt, in dem Maße mit seinem Schöpfer verschmolzen zu sein, dass es in seinem Namen handeln kann und zu seinen Lippen und zu seinen Händen wird. Es handelt sich nicht wie im Sufismus um eine mystische Union mit Gott, die niemals dauerhaft und weit entfernt von jeder Überheblichkeit ist. Wenn der Muslim Gott sucht, dann glaubt der Übermuslim, von ihm gefunden worden zu sein.

Die Angst vieler Muslime besteht darin, in einer Welt zu leben, in der die Säkularisierung, deren Objekte sie im Übrigen konsumieren, in ihnen das Gefühl hervorruft, ein anderer zu werden, nicht mehr sie selbst zu sein. Das Unglück, sich selbst als unauthentisch wahrzunehmen, ist der Schlüssel zur Verzweiflung der Muslime. Unweigerlich in das westliche Exil ohne Gott hineingezogen zu werden, ist eine häufig anzutreffende Befürchtung, die im verbalen und praktischen Engagement zum Ausdruck kommt, überall Minarette wie Pfähle einzupflanzen, die verhindern sollen, dass der Boden unter den Füßen wegbricht. Daher die verzweifelten Versuche, das Abtriften aufzuhalten, indem man sich die frommen Vorfahren vergegenwärtigt. Der Islamismus hat eine Fiktion geschaffen, die auf alles verführisch wirkt, was über ein grundsätzlich unauthentisches Ich hinausgeht: die Fiktion eines uranfänglichen Über-Ichs, das sich im Übermuslim verkörpert. Wie bei jedem Modell lassen sich damit mehr oder weniger typische Ausprägungen ableiten und abdecken, darunter diejenigen, die einen Rückzug von der Welt beinhalten, aber auch die glühendste Variante, die darin besteht, mit ihr Schluss zu machen. Diese Version ist es, die jene Jugendlichen in ihren Bann schlägt, die in den Dschihad ziehen.

Wie ist der Übermuslim geschichtlich entstanden? Die Ausbreitung der historischen Traumata vollzieht sich in sehr langen Wellen, vor allem dann, wenn sie bei den Massen durch eine Ideologie abgelöst werden und sich daraus ein beschädigtes Ideal konstituiert.[68] Darin besteht das Hauptwerk des Islamismus. Folglich geben die Generationen die Traumata und Schädigungen auf eine Weise weiter, die die Individuen dazu bringt, sich als Erben einer Schmach zu erleben, ob sie die Fakten kennen oder nicht. Das Jahr 1924 markiert das Ende des letzten islamischen Reiches, den Niedergang des 624 Jahre alten Kalifats, anders gesagt, des Souveränitätsprinzips im Islam, und die Gründung des ersten laizistischen Staates in der Türkei. Das ottomanische Territorium wurde zersplittert und von den Kolonialmächten okkupiert; die Muslime gerieten dadurch von der Position der

Herren in die des Subalternen im eigenen Land. Das bedeutet den Einsturz eines 1400 Jahre alten Fundaments, das Ende der Illusion von Einheit und Macht. Und es markiert den Beginn der melancholischen Angst vor der Auflösung des Islam in einer Welt, die er nicht mehr regiert.

Als Symptom dieses historischen Bruches kann 1928 die Geburt der Muslimbrüder gelten, mit denen sich die Theorie des »verletzten islamischen Ideals« in die Form einer Organisation übersetzt, um das Ideal wieder herzustellen, um es zu rächen. Der Islamismus verspricht die Wiederherstellung des Kalifats auf dem Weg des Zerfalls der Nationalstaaten. Er befördert die Erinnerung an das Trauma und projiziert es auf die desaströse, leidvolle aktuelle Lage der Bevölkerung, in die sie ihre Regierungen, die militärischen Eingriffe des Westens und die Bürgerkriege gebracht haben. Der historische Zusammenbruch wird von einem Konflikt begleitet, der im Modell des muslimischen Subjekts ohne Beispiel ist. Es ist unbestritten, dass die Aufklärung in islamischen Ländern auf Kanonenbooten ankam. Dennoch wurden die muslimischen Eliten im Namen einer universellen Allianz gegen die »Armee der Finsternis«[69] zu »Partisanen der Aufklärung« und ihrer politischen Emanzipation, weil sie die westliche Aufklärung als etwas betrachteten, das eine Wiedererinnerung an die vergessene Aufklärung des Islam ermöglicht. Dem gegenüber stehen die Vertreter der »Antiaufklärung«, die im Namen der Selbstgenügsamkeit des Islam, für alle Probleme eine Lösung zu haben, die Wiederherstellung der theologischen Souveränität und die Rückkehr zur Tradition des Propheten fordern. Das Motto der Muslimbrüder lautet: *Der Islam hat auf alles eine Antwort.*

Im Verhältnis des Subjekts des Islam zur Macht gibt es eine systemimmanente Diskordanz. Die einen wollen Bürger eines Staates sein, Muslime, aber getrennt von der theologischen Ordnung – »separierte Muslime« –, die anderen wollen sich, im Gegenteil, als immer noch muslimischer erweisen. Daraus erwächst der Übermuslim. Auf diese Weise tritt der Islamismus als Verteidigung des Islam in Erscheinung, allerdings dermaßen erbittert, als wolle er selbst an seine Stelle treten. Die Verteidigung hat alle Antikörper eines Systems mobilisiert, das sich als in Not befindlich wahrnimmt. Aber die Abwehr ist insofern zu einer autoimmunen Abwehr geworden, als sie das zerstört, was sie heilen will. Deshalb hat der Übermuslim zwei Feinde: den äußeren Feind, *den Westen,* und den inneren Feind, *den Verwestlichten,* den Muslim, der sich endgültig vom Kalifat gelöst hat, der die Unterwerfung der Politik unter die Religion ablehnt, der sich als Bürger einer Nation versteht. Der Übermuslim betrachtet ihn als islamoid, schlimmer noch, als einen Westler, einen Verweigerer, den es zu verjagen und zu eliminieren gilt.

Der Übermuslim ist der Effekt einer Mobilisierung durch den Islamismus, der seit dem Debakel zu Beginn des 20. Jahrhunderts beständig stärker wurde. Seine Theoretiker haben eine bisher unbekannte individuelle und kollektive Technologie des Heiligen entwickelt, um sich der Säkularisierung zu widersetzen – eine Technologie, die auf einer direkten Identifizierung mit dem Über-Ich der Gemeinschaft beruht. Die Verbrechen, die Übermuslime begehen, werden vom Über-Ich diktiert. Der Islamismus fragt nicht, warum Gott die Muslime, »die beste aller Gemeinschaftsformen unter den Menschen«, in den Trümmern des Kalifats verlassen hat, sondern warum die Muslime Gott aufgegeben haben und wie man den Weg zurückfinden kann, der in nichts anderem besteht als im Dschihad. Der Übermuslim ist auch die Saat eines Kampfes auf einem Terrain, das die Säkularisierten vergessen haben und auf dem es, entgegen dem, was sie zu denken geneigt sind, nicht um ein politisches Projekt geht, sondern um die *religiöse Hoffnung*, die nur die Hoffnung auf eine andere Welt ist oder, anders gesagt, eine Hoffnung im Hinblick auf den Tod. Ebenfalls vergessen wurde, dass die Religion eine Macht ohne Maß ist, weil sie ihre Vitalität aus dem Grenzenlosen und Ozeanischen schöpft, in dem sich jedes menschliche Wesen in frühkindlicher Zeit befunden hat, als die Grenze zwischen ihm und der Welt noch nicht errichtet war.[70]

Der Übermuslim ist so gesehen das Produkt einer durch erlittene Demütigung ins Gegenteil verkehrten Demut des ehrfürchtigen Muslims, die eine Überlegenheit anstrebt, in der sie zur Errichtung der Herrschaft des Gottesreiches im Hier und Jetzt das Leben verachtet und den Tod begehrt. Er stellt sich Gott als seinen Herrn und sich als dessen Diener vor, bereit, ohne jede Interpretation den auf ein Gesetzbuch reduzierten Koran zu befolgen, denn sein Buchstabe soll ihm einen direkten Zugang zum wirklichen Glauben eröffnen. Der Buchstabe ist die Waffe des Terrors in der Hand des personifizierten Übermuslims.

Wenn wir uns zur Aufgabe machen, die psychischen Prozesse zu analysieren, die es ermöglicht haben, dass sich so etwas wie der Übermuslim herausbildet oder da und dort, gestern oder heute, schon existiert, ist es notwendig, die Mechanismen zu untersuchen, die die Identifikation mit dem Lebens- und dem Todestrieb und mit den Herausforderungen des an Ideale gebundenen Genießens herstellen. Man kann das Konzept der Identifikation und ihre Beziehungen zum Unbewussten, das eine theoretische, für die Psychoanalyse fundamentale Konstruktion darstellt, nicht nur auf die Psyche des Individuums anwenden, sondern auch auf die Formen und Störungen der Psyche der Massen. Es ist kein Zufall, dass Freud den Begriff der Identifikation in *Massenpsychologie und Ich-Analyse* einführt.[71] Die Identifizierung ist ein Prozess, der zeigt, dass die Identität wandelbar und kombinatorisch ist und dabei Bindungs- und Loslösungsprozesse eingeht. Man hat daraus für die Theorie des politischen oder religiösen Zusammengehörigkeitsgefühls möglicherweise nicht alle Konsequenzen gezogen. Mir scheint, dass die extreme Gewalt uns nötigt, die multiplen Schwankungen der Identifikation im Spiel der kollektiven Bindungen und Ent-Bindungen genauer ins Auge zu fassen.

Die Psychoanalytiker haben die *Ent-Identifizierung* als einen befreienden Prozess definiert, der stattfindet, wenn ein Subjekt entdeckt, dass es durch die Aussage eines anderen in eine Rolle hineingedrängt oder auf einen Platz verwiesen worden ist, die oder den es nicht gewählt hat und das Subjekt dazu bringt, sich davon zu lösen, um anders und anderswo zu sein. Aber die Ent-Identifizierung kann einzelne oder Gruppen zu Gewalt und Hass veranlassen, sobald sie den anderen nicht mehr als Mitmenschen anerkennen. Viele Massaker werden durch diesen Bruch des Paktes mit dem Nächsten, dem Nachbarn, dem Verwandten, dem gar nicht so anderen Nächsten, angetrieben.

Im Rahmen der religiösen Entfesselung geht dieser Mechanismus in einen anderen über, der ihn ins Gegenteil verkehrt, die *Re-Identifikation.* Es handelt sich um die leidenschaftliche Wiederaufnahme einer vom Subjekt selbst oder der vorausgehenden Generation aufgegebenen Identifikation. Das ist die Triebfeder, die von den Predigern ausgenützt wird. Entweder suggerieren sie, das Subjekt habe seine Herkunft verraten und dieser Umstand mache aus ihm einen Mörder seiner Wurzeln, quasi einen »Völkerselbstmörder«, womit die Re-Identifikation eine Sühne, eine Wiedergutmachung, *eine Wieder-Verwurzelung* darstelle; oder sie unterstellen, das Subjekt sei durch seine Eltern ohne sein Wissen ent-identifiziert worden, also ein Opfer der Verleugnung der Identität und die Re-Identifizierung erscheine als Weg der Wiederherstellung und Rache. Die Re-Identifizierung kann auch in Abwendung von der Schule ihren Ausgang nehmen, die für eine genealogische Verstümmelung durch einen säkularen Unterricht verantwortlich gemacht wird. Nicht selten werden die Schulen daher zum Ziel der Zerstörungswut der Dschihadisten. Zum Mechanismus der Re-Identifikation gehört auch das Ritual der Wiedergeburt *(born again),* das der Islamismus ausgiebig vollzieht und durch welches selbst praktizierende Muslime bekehrt werden, indem ihnen ein Attest mit folgendem Wortlaut ausgestellt wird: »Heute bin ich unter Anleitung von … Muslim geworden.« Ein junger Konvertit sagte mir eines Tages, er sei ein »überlebender Muslim«, und als ich ihn fragte, was er überlebt habe, antwortete er: »Mein eigenes Leben«. Die Rekonvertierung erweckt rückwirkend den Eindruck, einer Katastrophe oder dem Tod entronnen zu sein.

Die *Über-Identifizierung* stellt einen weiteren Mechanismus dar, der bei den Neu-Konvertiten anzutreffen ist und in allgemeiner Form bei jenen, die einen ganz neuen Glauben angenommen haben, und führt zu einer umfassenden Verschmelzung, in der sie gläubiger werden als die Gläubigen, denen sie sich anschließen. Sie können alles aus ihrer Vergangenheit vernichten, wie jener Konvertit, der den Goldfisch und die Schildkröte weggeworfen hat, weil sie die Fetische repräsentieren, die er zuvor geliebt hat. Wenn bei den Europäern, die in die Kriegsgebiete zum Kämpfen ausreisen, überproportional viele Konvertiten vertreten sind, dann deshalb, weil der Islam, wie ein Prediger auf dem Nachrichtenkanal Al Jazeera sagte, »heutzutage der einzige Glaube an einen einzigen Gott ist, der es erlaubt, über sich hinauszuwachsen und ein Held zu sein«. Das ist die genau zutreffende Interpretation dieses Produkts, das an ein Genießen appelliert, das auf dem Markt kein Äquivalent kennt und die Konvertiten dazu verlockt, zum Krieger zu werden.

Der radikalste Mechanismus dieser Abwandlung ist sicher die *Nicht-Identifikation,* denn ein menschliches Wesen kann auch aufhören, sich mit seiner Gattung zu identifizieren. Dies wird durch Glaubensrichtungen bestätigt, in denen Menschen mit Göttern, Tieren, Maschinen, Pflanzen verglichen werden, die der Mythologie zufolge aus Erde und Staub gemacht sind (der Mensch ist *Humus* wie im Arabischen *adîm*), so als ob das Menschengeschlecht den Drang habe, seine Art zu verlassen. Die Selbstmordattentate, bei denen die menschlich-körperliche Form von sich und anderen zerstört und auf ein paar Fleischfetzen reduziert wird, korrespondiert mit einer disjunktiven Beziehung zur menschlichen Identität. Beim Lesen der Bekennerschreiben einiger Selbstmordattentäter fiel mir auf, dass sie sich schon vor ihrer Tat als zerstückelt empfunden haben. Sie verließen die menschliche Form, um zu einer ent-individualisierten körperlichen Masse zu werden, die im Innern keinen Spiegel mehr für den anderen Menschen beherbergt. In ihrer Vorstellung treten sie durch das Selbstopfer in das absolute Genießen eines mystischen Körpers ein, der einen direkten Zugang zu Gott hat, den Körper eines Märtyrers, der durch den Islamismus neu interpretiert wurde. Der Akt der Zersprengung des Mitmenschen ist eine der Konsequenzen aus diesem Begehren, aus dem demütigen Menschsein hinauszutreten, eine Einstellung, die man als *megalomanische Melancholie des Inhumanen* bezeichnen könnte. Die Psychopathologie kennt ein Syndrom unter dem Namen »Cotard-Syndrom«, das uns bei der Annäherung an die Idee der *Nicht-Identifizierung* weiterhelfen könnte: Es handelt sich um einen melancholischen nihilistischen Wahn, bei dem der Kranke auf der Suche nach einem rettenden Tod ist und sich gleichzeitig entkörperlicht, unendlich, unsterblich, übermenschlich fühlt.[72] Ich sage nur »annähern«, insofern der Mensch, der aufhört, sich als Mensch zu identifizieren, nichts mehr davon weiß, denn nur der, der noch Mensch ist, hat das Bewusstsein, dass er unmenschlich werden kann, und das ist es, was ihn vor dem Umkippen bewahren könnte. Kurz, es handelt sich um eine Destruktivität, die mit einer Ablehnung, ja einer Gleichgültigkeit gegenüber der eigenen menschlichen Identität und der der anderen einhergeht.

Man muss hier eine Tatsache von großer Bedeutung hervorheben, die die Veränderungen betrifft, welche durch den

Islamismus an den Hauptsignifikanten der Tradition vorgenommen wurden, um den Aufruf zum Selbstopfer zu ermöglichen. Im traditionellen Islam ist der Märtyrer ein Kämpfer, der den Tod in Kauf nimmt, ohne ihn zu begehren. Er akzeptiert den Tod als zu dem gegen andere Streiter geführten Kampf zugehörig, aber er möchte leben; sollte er sterben, wird ihm als Zusatz noch ein Lohn zugebilligt. Für den neuen Märtyrer des Islamismus ist der Tod kein kontingentes Ereignis des Kampfes, sondern sein Zweck. Sterben heißt triumphieren. Deshalb werden viele Attentate von ihrem Ende her so geplant, dass der Dschihadist dabei sicher zu Tode kommt. Man kann beobachten, dass einige vor der Gewalttat selbst ihre Todesanzeige in den sozialen Netzwerken publizieren; andere hinterlassen zahlreiche Hinweise, damit sie aufgespürt werden und sich das finale Szenario ihrer Tötung erfüllt; wieder andere sprengen sich selbst in die Luft, weil sie das Ziel nicht erreichen konnten, das ihnen zugewiesen worden war. Die Identifizierung mit dem Märtyrer ist stärker als die mit dem Kämpfer, der versucht, am Leben zu bleiben, um den Kampf fortführen zu können. Der *Conatus* des Übermuslims entspringt einem erbitterten Begehren nach dem Opfer.

Zuweilen kommt es vor, dass die Zivilisationen eine große Anzahl an Individuen hervorbringen, die zum Schlimmsten fähig sind. Heute ist es die Kultur der Muslime, die dies durchmacht. Es ist kein Trost zu wissen, dass andere Zivilisationen in ihrer Geschichte Ähnliches gekannt haben. Das anzuerkennen, könnte ermöglichen zu verstehen, welcher Gefahr der Muslim durch den Übermuslim ausgesetzt ist.

Fatwa-Wahn: Das Geschlecht und der Übermuslim

Am 22. Mai 2007 wurde die muslimische Welt durch eine Fatwa geschockt und erheitert, die von der Al-Azhar-Universität in Kairo, dem größten Zentrum der sunnitischen Theologie, verbreitet wurde: die *Fatwa des Stillens von Erwachsenen*. Zwei Imame aus der Professorenschaft veröffentlichten eine Empfehlung, in der es heißt, dass eine Frau unter der Bedingung ihren Schleier ablegen und sich allein mit einem Kollegen im Büro aufhalten kann, dass sie ihn stillt, das heißt, ihm fünf Mal »direkt ihre Brust gibt«. Die Autoren erklären diese Empfehlung damit, »dass die Tatsache des Brustgebens als ein mütterlicher Akt aufgefasst wird, der den sexuellen Akt zwischen den beiden verhindert«.

Tatsächlich stellt das Stillen im Islam ein Verwandtschaftsverhältnis her, das den Inzest verbietet; anders gesagt, zwei Kinder, die von derselben Frau gestillt werden, gelten als Bruder und Schwester und die stillende Frau als ihre Mutter. Daher findet das Inzestverbot zwischen ihnen die gleiche Anwendung wie unter Blutsverwandten.

Diese von der höchsten theologischen Autorität des Islam erlassene Fatwa hat bei den Muslimen rund um den Globus, in den Medien und in den sozialen Netzwerken über Wochen hinweg zu einer Flut von empörten und spöttischen Kommentaren, Protesten und Beschwerden geführt, auch vonseiten anderer islamischer Institutionen. Es gab sogar eine von Frauen angeführte Kampagne – ob sie lustig gemeint war oder als Aufbegehren, sei dahingestellt – mit Slogans wie *I don't give my milk* (»Ich gebe meine Milch nicht her«) oder *No milk for guys* (»Keine Milch für die Kerle«).

Die Humoristen haben sich daran sicherlich nach Herzenslust erfreut, aber nicht nur sie, auch seriöse Zeitungen haben auf die Auswirkungen dieser Fatwa hingewiesen. Zum Beispiel: »Wenn Sie auf ein Amt gehen, dürfen Sie sich nicht wundern, wenn Sie eines Tages auf einen 50-jährigen Beamten treffen, der gerade von seiner Kollegin gestillt wird«. Oder: »Heute hat ein Angestellter zu einer seiner Kolleginnen gesagt, sie solle ihn mit Kaffee stillen«. Oder auch: »Man kann nicht in aller Öffentlichkeit stillen. Die Unternehmen müssen Stillräume einrichten«.[73]

Eine algerische Tageszeitung berichtet Folgendes: »Ehemänner verlangen von ihren Ehefrauen, dass sie die Freunde stillen, um zweideutige Beziehungen zu vermeiden. Sie zwingen sie, ihnen die Brust zu geben, um über die Milch ein familiäres Band zu knüpfen, das jede unerlaubte Beziehung verhindern soll.«[74] Imame sind den Frauen durch Gegenfatwas zu Hilfe geeilt, die gegen das Stillen der Erwachsenen gerichtet waren. Eine andere Zeitung berichtet den Fall eines »Geschäftsmannes, der sich nach der Gültigkeit dieser Fatwa erkundigte, weil er sie dazu verwenden wollte, sich von seiner Angestellten stillen zu lassen. Muss man deshalb das Arbeitsrecht ändern?«[75]

Laut eines Theologen der Al-Azhar-Universität soll diese Fatwa eine schlechte Interpretation eines »speziellen Falls« aus der Zeit des Propheten gewesen sein, der, nachdem die Adoption im Islam verboten worden war, tatsächlich einer Frau geraten hat, ihren Adoptivsohn, der jetzt erwachsen war, zu stillen, um seine Milchmutter zu werden.

Daher kommt auch der Vorschlag eines sehr modernen Scheichs oder, wie man heute sagt, eines »moderaten Muslims«, dass man die Milch nicht direkt aus der Brust, sondern aus einem Glas trinken soll, das das Saugen an der Brust mechanisch simuliert. Was man dem Einwand, dass in dem Hadith (überlieferte Worte des Propheten) von dieser Möglichkeit keine Rede ist, entgegenhalten könnte, wäre, dass es im Arabien des 7. Jahrhunderts noch keine Milchpumpen gab.

Der hohe Rat der Al-Azhar-Universität, der in aller Eile zusammentrat, hat die Autoren der Fatwa, die sich von ihren Aussagen mittlerweile distanziert hatten, rasch ihrer Lehrfunktionen enthoben, was die Angelegenheit trotzdem nicht beendet hat. Denn auch salafistische Internetseiten, die Fatwas für alle Lebenslagen liefern, haben sich dieses Problems schon längst angenommen. Auf der Seite »La Mouslima Salfiya« (»Die salafistische Muslima«)[76], wo sich ein Gremium namens Comité permanent des recherches scientifiques islamiques et de l'Iftâ (»Ständiges Komitee der islamisch wissenschaftlichen Forschung und der Iftâ«) äußert, findet man unter Zehntausenden von frei zugänglichen Fatwas solche mit folgendem Titel:

Fatwa 4668. Frage: »Ist das Stillen zwischen Muslimen und Christen erlaubt?« Antwort: »Das ist erlaubt.« Das wäre eine gute Methode, um die monotheistische Brüderlichkeit zu erweitern.

Fatwa 16932. Frage: »Darf die Großmutter den Vater der Ehefrau stillen?« Antwort: »Das ist nicht erlaubt.«

Fatwa 16644. Frage: »Wenn sie ihren Ehemann gezwungenermaßen stillt, was rät die Religion in einem solchen Fall?« Antwort: »Sie wird dadurch für ihren Ehemann nicht illegitim.«

Fatwa 1719. Frage: »Eine Frau hat Milch aus ihrer Brust in das Ohr eines Jungen gespritzt; er möchte die Tochter dieser Frau heiraten. Ist das erlaubt?« Antwort: »Das ist erlaubt.«

Man weiß nicht, was diese Frau dem Jungen damit zu verstehen geben wollte, aber man landet immer wieder bei der Logik, die die Entfesselung der Fatwas in der aktuellen muslimischen Welt prägt, denn das Ohr ist eine Öffnung; daher betrifft eine große Anzahl unter den Zehntausenden von Fatwas, die von den Medien und dem Internet aufgenommen werden, *die Körperöffnungen und die Frauen*.

Bevor ich mit diesem Thema fortfahre, möchte ich noch bei dem Phänomen der Begeisterung für die Fatwas bleiben. Eine Fatwa ist ein religiöser Ratschlag auf eine Frage aus dem individuellen oder sozialen Leben, die von einem Gläubigen an eine Person gestellt wird, von der er annimmt, dass sie das theologische Gesetz (Scharia) kennt. Weil im sunnitischen Islam kein Klerus existiert, gibt es keine Regel, die darüber bestimmt, wer berechtigt ist, eine Fatwa zu verkünden. Es kann genauso gut ein Imam einer Moschee, ein Gelehrter oder ein »Mufti« genannter Spezialist sein, der von den politischen und religiösen Autoritäten des Landes, in dem das islamische Gesetz die Grundlage für das Zivilrecht und das Strafrecht darstellt, ernannt wurde. Das gilt selbst für Länder wie Tunesien und die Türkei, in denen das islamische Gesetz nicht dem nationalen Recht zugrunde liegt und der Staat die Institutionen kontrolliert, die die Fatwas erlassen. Es ist daher verständlich, weshalb dies in einer Welt, in der das individuelle Bewusstsein und das kollektive Leben noch stark vom Religiösen durchdrungen ist, als eine viel zu ernste Angelegenheit gesehen wird, als dass man sie der privaten Initiative der Religiösen überlassen könnte, wirkt sie sich doch auf das Feld des Verbots und damit auf den ganzen *Bereich des Genießens* aus.

Man kann beobachten, dass zu Beginn der Siebzigerjahre mit der Entwicklung des Islamismus der traditionelle Rahmen der Verbreitung der Fatwas durcheinandergerät. Nicht nur, dass nun jeder beliebige Prediger, und es gibt deren viele, Fatwas erlässt, auch werden die meisten religiösen Institutionen, selbst die Al-Azhar, die für ihre moderate Haltung bekannt war, von der Radikalisierung erfasst und destabilisiert. Zahlreiche islamistische Organisationen werden zu Produktionsstätten von Fatwas, die *via* Internet verbreitet werden. Diese Belehrungen sind eine Möglichkeit, Macht über das Bewusstsein der Gläubigen zu erlangen, was zur Entstehung eines ganz eigenen Marktes führt, auf dem ein intensiver Wettbewerb herrscht. Das Netz liefert, wie überhaupt für alles, was das Phänomen des Islamismus berührt, freien Zugang zu einer Fülle von Lösungen. Man kann sagen, dass dieses reichhaltige Angebot an Fatwas einen ganzen Kosmos der Nachfrage nach ihnen geschaffen und ausgeweitet hat, denn eine jedwede Clique besorgter Muslime, die wissen will, ob das, was sie tut oder beabsichtigt zu tun, erlaubt ist oder nicht, kann nun augenblicklich eine Antwort auf ihre Anfrage bekommen. Daraus resultieren Effekte der Beeinflussung und die »Obsessivwerdung« des psychischen Raums der Muslime, deren quälender Charakter von der klinischen Erfahrung durch die Zunahme von Zwangssymptomen bei den Patienten aus der muslimischen Welt, die zu uns kommen, bestätigt wird. Das Tableau der religiösen Zwangshandlungen gehört zu den Verhaltensformen des Übermuslims, den ich im vorigen Kapitel beschrieben habe.

Die Fatwas sind auch zu Vehikeln für Todesurteile geworden. Das Verdikt gegen Salman Rushdie 1988 durch Khomeini hat die Tür für eine Art Recht aufgestoßen, überall auf der Welt Intellektuelle zu töten, was sich in zahlreichen Exekutionen niedergeschlagen hat. Nicht nur, dass die Fatwas eine weltweite Gültigkeit angenommen haben, sie tangieren mittlerweile auch die Nichtmuslime, was zuvor insofern nicht der Fall war, als sie ursprünglich aus der Domäne der Rechtsprechung der Gläubigen stammten.

In einem Internetforum über Religion schreibt ein Beiträger über die Fatwa des Stillens von Erwachsenen: »In der Tat ist das, was man tut und sagt in dieser ›Welt der Religion‹, dieses Forum eingeschlossen, weitaus verdrehter als das, was je in psychiatrischen Anstalten getan oder gesagt werden könnte.«[77]

So gesehen hat sich ein grenzenloser Fatwa-Wahn entsponnen, die sehr ernste und sehr belanglose Fragen berührt und sogar fiktive Personen. So wurde auch Micky Maus, für meine Generation *die* Kindheitsfigur, deren Comicgeschichten wir auf Arabisch ohne Probleme lesen konnten, zum Objekt einer Fatwa durch einen Prediger, der sehr häufig auf saudischen Fernsehkanälen und auf Al Jazeera zu sehen ist. In seiner Verdammung Mickys stellt er klar: »Die Scharia verlangt die Ausrottung all dieser Mäuse, einschließlich der Nagetiere und der berühmten Maus aus den Zeichentrickfilmen.«[78] Der Prediger al-Mounajid richtete diese Fatwa gegen die Maus von Walt Disney, da er sie als »Agent des Satans« betrachtet. Und weil diese ganze Tierart »unrein« ist, hat er die Verteufelung auf Jerry ausgeweitet, jenen Nager, dem es immer wieder gelingt, Tom zu entwischen.

Eine Maus, die sich immer der Kontrolle entzieht, entfernt uns mitnichten von dem Motiv der Öffnungen, wie wir seit dem Modellfall des »Rattenmannes« und dessen Phantasma vom analen Eindringen der Mäuse wissen, von dem ausgehend Freud die Mechanismen des Zwangs entwickelte.[79] Die Behauptung, die Maus von Walt Disney sei ein »Agent des Satans«, bestätigt die Phantasmen des Eindringens und der Unreinheit, da die Körperöffnungen in der islamischen Mythologie die bevorzugten Orte der Umtriebe Satans sind, und wenn man berücksichtigt, dass Satan ein Feuerwesen ist, dann wird offenkundig, dass die energetische Zirkulation in den Öffnungen mit dem übereinstimmt, was wir in der Psychoanalyse »Triebe« nennen.

Man findet bei muslimischen Autoren in den sehr populären, »gelbe Literatur« (wegen des gelben Papiers, das man für den Druck verwendet) genannten Büchern eine perfekte Illustration dieser dämonologischen Theorie der Triebe (von der Freud sagte, dass sie der Psychoanalyse näherstünde als die wissenschaftliche Theorie der Instinkte). So schreibt al-Hanafi (im 16. Jahrhundert) in einem seiner Hefte: »Als Gott den Menschen aus Ton erschuf und kurz davorstand, ihm eine Seele einzuhauchen, machte sich Satan über ihn lustig, indem er das Spiel betrieb, durch seinen Mund einzudringen und durch seinen Anus auszutreten und umgekehrt. Er benutzte auf dieselbe Weise auch andere Öffnungen wie Ohren, Nase, usw. und sagte dabei zu Gott: ›Seht, was ich mit der Kreatur mache, die Ihr mir vorgezogen habt und von der Ihr wolltet, dass ich vor ihr niederknie‹.«[80]

Das heißt, die menschliche Körperlichkeit ist von Anfang an dem Hereinbrechen des Dämonischen und seinem Spott ausgesetzt und wird es auch bleiben, insofern die Seele die Eingänge, d. h. die Körperöffnungen, nicht kontrollieren kann. So lässt sich sagen, dass die Triebe mythologisch den Spott über den menschlichen Körper und die Würde des göttlichen Erwähltseins begründen. Aus dem, was die gewissenhafte Reinigung genannt wird, hat der Islam eine immerwährende Bezwingung gemacht, und das in einem solchen Maße, dass sich uns dieser Monotheismus durch den Zwang zur exzessiven Reinlichkeit unter der Vorgabe der Sauberkeit, die in den fünf Gebeten, welche den Tagesablauf bestimmen, gefordert wird, von den anderen Monotheismen zu unterscheiden scheint. Zahlreiche Abhandlungen haben sich der Aufgabe gewidmet, aus den kleinsten körperlichen Empfindungen einen Zustand der Unreinheit zu machen.

Ich weiß nicht, ob es schon eine Fatwa gibt, die sich gegen Computermäuse richtet, aber der Entfesselung der Fatwas entspricht eines der großen Ziele des Islamismus und das Bestreben der Übermuslime, wieder die Kontrolle über die Triebbeherrschung der Muslime zu erlangen, da die traditionellen Mechanismen aufgrund der Lockungen – d.h. der Konsumgüter und der Sexualität –, die der grenzenlosen Welt des Marktes eigen sind, nicht mehr vorherrschen. Wenn die traditionelle Welt mit den Triebwünschen noch umzugehen verstand, so zeigt sie sich nun durch die Vermehrung und Variation der Objekte überfordert, die durch die Art der Zurschaustellung und Verlockung der globalen Modernität in einer Weise dargeboten werden, dass die Objekte dem Begehren ständig auf den Fersen sind.

Unter den Faktoren, die die Triebe des Übermuslims in Aufruhr bringen, nimmt die Zunahme der Sichtbarkeit des weiblichen Körpers im öffentlichen Raum und seine tägliche Nähe zu den Männern einen wichtigen Platz ein. Die Fatwa des Stillens von Erwachsenen muss in diesem Kontext gelesen werden. Diese Dimension der Triebbehandlung durch den Islamismus gilt es zu beachten, will man die psychologische Wirksamkeit des Islamismus auf die Massen verstehen, für die er eine Form von moralischer Gemeinschaft darstellt, die den bedrängten Individuen zugleich Wege zu einem akzeptablen Triebverzicht anbietet.

In der Sphäre des Sozialen stellen die Fatwas eine der von den islamistischen Bewegungen im Bürgerkrieg verwendeten Waffen dar, die die gesamte muslimische Welt mit Gewalt überziehen, und das im Maßstab der großen Konfrontation zwischen den *Gesetzen der Gemeinschaft der Gläubigen* und den *Gesetzen der Nationalstaaten.* Wenn man sagt, dass dies eine Konfrontation zwischen Rechtsordnungen ist, heißt das, dass hier zwei Souveränitäts- und Machtprinzipien verhandelt werden: Auf der einen Seite das Souveränitätsprinzip des Islam, repräsentiert durch das Kalifat – das zwar abgeschafft wurde, das der Islamismus aber mithilfe einer theologischen Reinheit wiederherstellen möchte –; auf der anderen Seite das Prinzip der nationalen politischen Souveränität, repräsentiert durch den Sozialstaat als Regierungssystem einer Gesellschaft und nicht einer konfessionellen Gemeinschaft. In letzter Konsequenz ist das die Konfrontation zwischen zwei Modalitäten menschlicher Gesellung: Gemeinschaft gegen Gesellschaft.

Um die aktuelle Situation des in der muslimischen Welt verbreiteten Bürgerkriegs zu verstehen und insbesondere um die Position der Frauen als Akteurinnen und Objekte des Krieges entschlüsseln zu können, muss man zwei Fragen zusammen denken: *die der Triebe und die der Souveränität,* anders gesagt, einen Ansatz der Überschneidung zwischen dem Klinischen und dem Politischen verfolgen. Die Fatwa des Stillens ist ein symptomatischer Fall des politisch-trieborientierten Bürgerkriegs zwischen Gemeinschaft und Gesellschaft, den ich bei einer anderen Gelegenheit »den Krieg der Subjektivitäten im Islam«[81] genannt habe und dessen Grundlagen hier untersucht werden.

In einem gewissen Sinne ist das Ziel dieser Fatwa ziemlich einfach zu erkennen; ich glaube, dass jeder sie versteht. Auf die Entwicklung, dass es nicht mehr möglich ist, die Emanzipation der Frauen, ihr Hinaustreten aus der Abgeschiedenheit in den öffentlichen Raum, zu verhindern sowie die, dass das Zusammensein der Geschlechter in der Arbeitswelt einen Zustand von Nähe herbeiführt, der den sexuellen Wünschen freien Lauf lässt, gibt es eine erste Antwort, die der Islamismus in die Tat umsetzt: *den Schleier* in all seinen Variationen, der die Formen des weiblichen Körpers versteckt und speziell die Haare, die in diversen Religionen die Quelle der weiblichen Verführung darstellen. Doch da diese Lösung die gleichzeitige Anwesenheit der weiblichen und männlichen Körper so wenig ausschaltet wie ihren täglichen Austausch bei der Arbeit, zufällige Berührungen, Gerüche, das Knistern und Vibrieren, schlägt diese Fatwa vor, die Frau mit der wuchtigen Waffe des Inzestverbots zu entsexualisieren. Indem man aus den Frauen die Mütter ihrer Kollegen macht, glaubt man, das Begehren und die gegenseitige sexuelle Versuchung auf eine Weise ersticken zu können, als ob das Inzestverbot wie ein interner Schleier des Objekts des Begehrens funktionieren würde.

Gehen wir in der Analyse der Umwandlung der Frau in eine Mutter, die zugleich naiv und durchtrieben ist, noch ein wenig weiter. Die Autoren dieser Fatwa nehmen an, dass sich nach fünfmaligem Stillen (warum fünfmal? Ein Mal für jede Säule des Islam?) und dem Ausruf: »Das ist meine Mutter«, oder »Ich bin seine Mutter« das Grausen vor dem Inzest einstellt und, wenn schon nicht das Begehren, so doch wenigstens den sexuellen Akt unterbindet. Es handelt sich dabei um eine für den Zwanghaften typische Überlegung, die sich durch drei Merkmale auszeichnet: 1) Erotisierung der Gedanken ans Verbotene, 2) Performativität der Signifikanten des Genießens, anders gesagt, die magische Buchstäblichkeit eines Satzes wie »Wir sind Mutter und Sohn«, der, einmal ausgesprochen, unmittelbar Gestalt annimmt, 3) die Austauschbarkeit von Frau und Mutter, von Mama und Hure, von Ehefrau und Geliebter. Die Autoren der Fatwa denken demnach, die sexuellen Triebe der Gläubigen auf der Basis der Unterstellung beherrschen zu können, sie wären strukturiert wie sie. Sie denken nicht daran, dass sie auch andere Effekte auslösen könnten wie z. B. hysterischen Spott, an dem es nicht gemangelt hat, wie ich weiter oben gezeigt habe. Weder soll »an der Brust saugen« ein anderer Sinn zukommen als der, der ihm in der Mutter-Kind-Beziehung anhaftet, nämlich das sexuelle Begehren auszuschließen, noch soll das Szenario, welches das Inzestverbot durch das Stillen einrichtet, sich dafür eignen, einer Erotisierung Vorschub zu leisten, die im Gegensatz zur Verbotsvorschrift stünde, auch nicht zu einem transgressiven Genießen eines Scheinverbots.

Wie auch immer die Reaktionen zwischen Lachen und Bestürzung ausfielen, man kann mit Sicherheit feststellen, dass die Fatwa durch den Appell an das Inzestverbot die Präsenz der Mutter im öffentlichen Raum massiv verstärkt hat, um die Frau im Namen eines Gesetzes, das über den Gesetzen von Wirtschaft und Staat steht, welche Frauen das Arbeiten erlauben, zu neutralisieren.

Gewiss, die Männer der Religion schrecken vor keiner Posse zurück, und dem Übermuslim mangelt es daran nicht. Gewiss, das Bestreben, die Löcher des von Motten zerfressenen traditionellen moralischen Stoffes flicken zu wollen, ist lächerlich und aussichtslos. Trotzdem kann die Verbreitung des Inzestverbots in der Öffentlichkeit von den vielen Menschen, die der Zurschaustellung der Konsumgüter ausgesetzt sind, ohne die Mittel zu haben, dem etwas entgegensetzen zu können (ich verstehe darunter materielle Mittel ebenso wie psychische), die also schon vom sinnlosen Strudel des »allgemeinen Äquivalents«, wie Marx sagt, erfasst sind, als moralische Rückenstärkung empfunden werden. Für sie hat die Fatwa den Sinn eines Schutzes vor der maßlosen Überreizung durch die Objekte und führt die Nichtäquivalenz, das Unbezahlbare ein, das die Inflation des Angebots und die Verbitterung, die durch die nicht zu befriedigenden Konsumwünsche hervorgerufen wird, eindämmt.

Der säkulare Diskurs verfügt über kein vergleichbares Mittel, das Feld der Triebe zu bearbeiten. Das konnte man in Tunesien während der aufgeheizten Periode beobachten, die den Wahlen von 2011 vorausging, oder in der Zeit zwischen 2011 und 2014, als die Islamisten an der Macht waren. Rational begründete Verbote können es mit dem religiösen Verbot auf emotionaler Ebene nicht aufnehmen.

Wie verträgt sich der Umgang des Islamismus mit den Trieben mit dem Fundament seines theologischen Projekts der Wiederherstellung der Gemeinschaft der Gläubigen, die man die »Umma« nennt? Eigentlich stellt die Frau in den sehr archaischen Vorstellungen vom »Wir« die Intimität der Gemeinschaft dar, den Punkt ihrer Verletzbarkeit, das Element, durch welches in die Gemeinschaft von außen eingedrungen werden kann und die Quelle einer von innen kommenden Störung, an der das Zustandekommen eines einheitlichen Körpers zerbricht. Deshalb ist die Frau verboten: sie wird *harîm* genannt. Dieser Begriff geht auf die Wurzel zurück, die im Arabischen sowohl das *Heilige* als auch das *Verbot* bezeichnet. Aus der Wurzel »h-r-m« sind Harem *(harîm),* Scham, Heim, Würde *(hurma),* Schleier *(hîram),* Tabu *(mahrim)* und frustriert *(mahrûm)* usw. hervorgegangen. Ibn Mandhûr fasst in seinem Wörterbuch aus dem 13. Jahrhundert den Sinn dieser Deklinationen in einem Satz zusammen und legt folgende Definition vor: »Das, was nicht berührt werden darf.«[82]

Was die Frau unberührbar macht, ist ihre Entsexualisierung durch das Mutterwerden, anders gesagt, ihre Angleichung an die Umma. *Oum* (Mutter) und *Oumma* (Gemeinschaft) entstammen derselben mündlichen Wurzel *('amma),* aus der Imam hervorgegangen ist und eine große Anzahl von Signifikanten, die Führung, Nähe und die Tendenz zur Vereinigung bedeuten. Das Prinzip der Gemeinschaft beruht auf der Annahme, dass in ihr das Geschlechtsverhältnis nicht existiert. Sofern die Frau nicht Mutter ist, droht der Kreis der Gemeinschaft auseinanderzubrechen. Durch das Mütterliche vernäht oder verschließt er sich wieder von selbst. Die Weiblichkeit ist folglich heterogen zur Gemeinschaft, sie ist der Ort ihres Abgrundes.

Der Grund für diese Heterogenität liegt in der Tradition begründet, die die Frau als rundherum sexuelles Objekt, als vollkommen sexualisiert auffasst, und aus diesem Grund ist sie Quelle der Verführung und eine schwere Prüfung *(fitna)* für die Männer. Ihr Körper, ihr Blick, ihre Stimme, das Geräusch ihrer Schritte, das Klirren ihres Schmucks, ihr Schatten, alles ist sexuell. Sie wird völlig *'awra* genannt, ein Begriff, der das bezeichnet, was durchlöchert und blind ist. Aus diesem Grund ist es das Sexuelle, an dem der Bezug zur Gemeinschaft zerbricht.

Diese sexuelle und blinde Totalität, die die Frau als Femininum darstellt, bildet die ontologische Basis einer fundamentalen Entkoppelung, die von der Tradition in der Erzählung in Szene gesetzt wird, in der Adam zum ersten Mal Eva entdeckt. Die Erschaffung Evas aus Adam hat sich zugetragen, als er eingeschlafen war – heute würde man sagen, während er »unter Narkose« stand. Er entdeckt sie an seiner Seite, als er wieder erwacht.

Um den darauf folgenden Dialog begreifen zu können, muss man sich vergegenwärtigen, dass Gott laut Bibel und Koran Adam schon vor diesem Ereignis alle Namen gelehrt hatte. Al-Tabarî (ein wichtiger Chronist des 9. Jahrhunderts) schreibt Folgendes:

> Als Adam Eva sah, war er erstaunt und er sagte zu ihr: »Wer bist du?« Sie antwortete: »Ich bin deine Frau; Gott hat mich aus dir und für dich erschaffen, damit dein Herz Ruhe finde.« Die Engel sagten zu Adam: »Was ist das für ein Ding, welchen Namen hat es und wozu wurde es erschaffen?« Adam antwortete: »Das ist Eva.«[83]

In dieser Szene erkennt Adam Eva zunächst nicht, benennt sie nicht, er, der doch alle Namen gelernt hat; selbst die Engel sind erstaunt und sprechen vom »Ding«. Nur weil Eva sich durch ihren Status identifiziert, ohne sich zu benennen, kann ihr Adam ihren Namen geben. Die Frau wird so von Anfang an als jemand in Szene gesetzt, die an der Basis einer *Entkoppelung* von Wort und Ding steht. Adam verfügte über den Signifikanten, aber der Bezug zum Signifikat war ihm aufseiten der Frau verwehrt. Es ist die Frau, die ihm beibringt, den Bezug herzustellen. Kurz gesagt, Adam ist hier wie ein Kind, dem eine Frau die Beziehung zwischen Wort und Ding lehrt. Man sieht hier sehr gut, dass schon die Tradition die Frau auf der Ebene des Imaginären als sprachlich durchgestrichen *[barrée]* beschrieben hat. Lacan hat mit seiner Theorie die strukturale Position der Weiblichkeit im männlichen monotheistischen Unbewussten erfasst.

Die Frau ist ontologisch verboten *[interdite]* und unter-sagt *[inter-dite]*. Im gleichen Zuge, dass die Frau ganz und gar sexuell ist und den blinden Fleck der Gemeinschaft bildet, erkennt die Tradition die Unfähigkeit des Mannes an, die Frau auszusprechen, und räumt ihr die Fähigkeit ein, das nicht-bestehende Verhältnis von Wort und Ding bezwingen zu können. Über diese Beschränkungen und Feinheiten setzt sich der Islamismus hinweg. Die Panik des Islamismus angesichts des Sichtbarwerdens des weiblichen Körpers im sozialen Raum und der Zerfall des Prinzips der Gemeinschaft der Gläubigen zu Beginn des 20. Jahrhunderts führte dazu, die Frau in einen sexuellen Schrecken zu verwandeln. Abu Ishaq al-Houeni, der ägyptische Imam, der den perfekten Übermuslim verkörpert, wurde 2011 ohne sein Wissen dabei gefilmt, wie er erklärte, »dass der Kopf der Frau die Vulva ihrer Vagina ist«.[84] Sie ist, kurz gesagt, nichts anderes als ihr sexuelles Loch.

Diese Aussage taucht unvermittelt auf, während dieser enthemmte Prediger an die Vorkommnisse des Jahres 1923 erinnert, in deren Verlauf die Ägypterin Huda Sha'arawi, die als eine der ersten muslimischen Feministinnen in der arabischen Welt gilt, bei ihrer Rückkehr von einem Feministinnentreffen in Paris oder Rom ihren Schleier ablegt und damit eine Bewegung zur Entschleierung der Frauen in

Gang setzte *(sufûr)*. Ab den Zwanzigerjahren und für ein halbes Jahrhundert erlebt die muslimische Welt eine Bewegung der allgemeinen Entschleierung der Frauen, die sich unter dem Gewicht des Einflusses des Islamismus umkehrt, dem es gelingt, das Schuldgefühl und die Scham in der Psyche der muslimischen Frauen und Männer neu zu beleben.

1923: Dieses Datum muss man mit anderen Daten von großer historischer Bedeutung in Beziehung setzen. Es ist möglich, dass die Frauen schon vor dieser Zeit ihren Schleier abgelegt haben, doch dieser Moment hat sich im Gedächtnis der arabischen Feministinnen als Befreiungsschlag der Bewegung für die Entschleierung und ihrer logischen Folge, der Emanzipation, festgesetzt. Vermutlich deshalb, weil Huda Sha'arawie die Tochter des Präsidenten der Abgeordnetenkammer war und weil der Bericht über diesen Akt der Befreiung von der Verblüffung des Vaters berichtet, der zum Flughafen gekommen war, um sie abzuholen. Stellt man dieses Datum neben das von 1924 – Ende des islamischen Reiches, Sturz des Kalifats und Gründung des ersten laizistischen Staates in der Türkei, dessen Bedeutung ich schon hervorgehoben habe – und von 1928 – Geburt der Muslimbruderschaft –, ahnt man, wie sehr die Zwanzigerjahre für die muslimische Welt den Moment einer »Umkehr der Welt« darstellen, um einen Ausdruck Rilkes aus den *Duineser Elegien* zu verwenden, einer Umkehr, bei der »auch das Nächste weit [ist] für die Menschen«, in der es »Enterbte« gibt, denen das Frühere nicht gehört, in der das »vernichtende Schicksal« wiederkehrt »im Nichtwissen-Wohin«.[85] Diese Worte bringen mit einer unglaublichen Klarheit zum Ausdruck, wie sich am Beginn des 20. Jahrhunderts mitten im

Desaster für die Muslime (der Gestirnwandel) die Möglichkeit einer Befreiung aufgetan hat und gleichzeitig ihre Antinomie aufgekommen ist, der Islamismus.

Die Entfesselung der Fatwas, die *Fatwa-Folie,* die wir heute erleben, ist ein Beispiel für die religiöse Technologisierung, die der Islamismus ganz massiv vorantreibt, um die Neuordnung des Begehrens zu kontrollieren, welche durch die Modernität entstanden ist. Die Fatwa des Stillens zielt auf das, was ihm schon durch das Hinaustreten der Frauen in die Welt der Arbeit entwischt ist und das er versucht, durch die scharfe Waffe des Inzestverbots wieder einzufangen. Geschwungen wird die Waffe vom Übermuslim, der plötzlich inmitten einer Lehrinstitution des Islam aufgetaucht ist, die doch als gemäßigt gilt. Alle, die an die Mäßigung des Islamismus glauben, sollten daraus ihre Schlüsse ziehen. Der Übermuslim kann überall und jederzeit auftauchen, er kann verrückt und schrecklich zugleich sein, aber er wird von seinem Imperativ nicht ablassen: die Gemeinschaft der Gläubigen vor der Frau als dem unkontrollierbaren und totalen sexuellen Objekt zu schützen. Bestimmte hoch verehrte französische Forscher, die den Islamismus inbrünstig in Schutz nehmen, haben uns verkündet, dass Letzteres eine »kulturelle Revolution« und eine »fruchtbare Regression« darstelle.[86]

Von einer Überwindung des Übermuslims: Der politische Spiegel

Die Aufstände in der arabischen Welt, die am 17. Dezember 2010 in Tunesien ihren Ausgang genommen haben, bieten reichlich Material für jeden, der nach subjektiven und politischen Beweggründen sucht, welche über den Islamismus hinausgehen und ein Überwinden des Übermuslims ermöglichen, als ein Übergang ohne »den Seufzer der bedrängten Kreatur«, um einen berühmten Ausspruch von Karl Marx über die Religion wieder aufzunehmen. Vor allem junge Frauen und Männer zogen los, mit bloßen Händen, ohne Gebete, ohne Psalmodie.

Die heute kursierenden abwertenden Meinungen und negativen Einschätzungen über die Aufstände teile ich ganz und gar nicht. Die Schwierigkeiten, die diese Länder durchmachen, in bestimmten Fällen mörderische Bürgerkriege, gehen nicht auf das Konto der pazifistischen Massen, die die immer als unerschütterlich bezeichneten Diktaturen mit großer Kreativität in Sprache und Bildern zu Fall gebracht haben. Diese Schwierigkeiten und Bürgerkriege resultieren aus den Anstrengungen, all das zu zerschlagen, was seit diesen Aufständen hochgekommen ist. Was sie in die Zange genommen hat, war davor schon da: auf der einen Seite die islamistischen und dschihadistischen Bewegungen, die sich nicht an den Aufständen beteiligt haben und die von den Golfstaaten bewaffnet und finanziert wurden; auf der anderen Seite die Armeen der Staaten, die die zivile Bevölkerung in der Zeit vor den Aufständen auf grausame Weise unterdrückt haben. Ist es nicht eine übertriebene und für die Geschichte der Revolutionen blinde Forderung, von Gesellschaften, die gerade erst die Tyrannei beenden haben, zu erwarten, in ein paar Monaten oder Jahren in einer Art Schnellzug der Geschichte das als das höchste geltende Stadium der europäischen Demokratien zu erreichen oder gar darüber hinauszugehen?

Für mein Verständnis haben die Massen, die sich in Tunesien und dann in Ägypten und in anderen Ländern erhoben haben, eine Bewegung historischen Ausmaßes ins Rollen gebracht, die seit fast einem halben Jahrhundert blockiert war. Sie ist noch lange nicht zu Ende, und sie wird sich über ihre aktuelle Unterbrechung hinaus fortsetzen. Die Aufstände haben dazu geführt, dass neue politische Subjekte aufgetaucht sind, die das Geschehen noch Jahre beherrschen werden, und es sind vor allem *politische Experimente* möglich geworden, die kennenzulernen die tyrannischen Machthaber ihrem Volk verwehrt haben. So gesehen ist es bemerkenswert, dass es nicht mehr als zwei Jahre gebraucht hat, bis der Islamismus den konkreten Beweis seines illusionären Charakters erbrachte, und überall dort, wo er wie in Ägypten und in Tunesien an die Macht kam, eine massive Ablehnung hervorgerufen hat. Eine Desillusionierung in so kurzer Zeit, ist das nicht insofern eine politische Leistung ersten

Ranges, als der Islamismus die Religion als die einzige Macht behauptet, die in der Lage ist, diese und die andere Welt zu regieren?

Der Fall Tunesien, wo der politische Prozess am weitesten gegangen ist, zeigt uns, worin die *Bewährungsprobe für das Politische* besteht, wenn es kein absolutes Fundament mehr gibt, das die Frauen und Männer aus ihrer Beziehung zueinander und zu sich selbst befreien könnte. Diese Bewährungsprobe war ausgesprochen wichtig, um die Islamisten – die diesen Prozess gemäß ihrer grundsätzlich antipolitischen Einstellung beständig abwürgen wollten – zu zwingen, daran teilzunehmen und das Risiko einzugehen, ihre göttliche Aura zu verlieren.

Wenn ich fünf Jahre danach festhalten sollte, was an der tunesischen Revolution ohne Beispiel war, wenn ich ihre radikale Neuheit oder, wenn man so will, das Geheimnis der Revolution enthüllen sollte, dann würde ich auf ihren Spiegelungseffekt für die Gesamtheit der Tunesier verweisen. Was jahrelang im Verborgenen geschah, was niemand zu sehen bekommen und nicht in die Vorstellungswelt des Kollektivs gelangen sollte, hat sich plötzlich in aller Öffentlichkeit manifestiert. Vor unseren erstaunten Augen erfolgte tagtäglich eine Entschleierung nach der anderen, und diese Entschleierung hat den Blick auf einen riesigen facettenreichen Spiegel freigegeben, der den öffentlichen Raum von allen Seiten umstellt. Um sich diesem Spiegel stellen zu können, wurde das Schlimmste durchlebt, doch könnte dies heute, auch wenn es noch fragil ist, zu einer Befreiung vom *Übermuslim* beitragen. Das alte Regime hat das Auftauchen dieses Spiegels lange Zeit verhindert. Auf der Ebene der politischen Subjektivität handelt es sich um einen Mechanismus, den Étienne de La Boétie in seinem Buch *Von der freiwilligen Knechtschaft* von 1574 als Bild des Körpers des Tyrannen beschrieben hat. Mehr als dreihundert Jahre vor Freud erklärt La Boétie in diesem großartigen, die Moderne ankündigenden Text, dass die Macht der Unterwerfung auf der Aufnahme der Subjekte in den imaginären Körper des Despoten beruht und dass diese Subjekte durch seine Projektion auf ihren eigenen Körper zum Erhalt der Macht beitragen. Ich zitiere die kurze Passage eines Gedankens, der sich um die Entfremdung in dem *Einen* dreht:

> Der Mensch, welcher euch bändigt und überwältigt, hat nur zwei Augen, hat nur zwei Hände, hat nur einen Leib und hat nichts anderes an sich als der geringste Mann aus der ungezählten Masse eurer Städte; alles, was er vor euch allen voraus hat, ist der Vorteil, den ihr ihm gönnet, damit er euch verderbe. Woher nimmt er so viele Augen, euch zu bewachen, wenn ihr sie ihm nicht leiht? Wieso hat er so viele Hände, euch zu schlagen, wenn er sie nicht von euch bekommt? Wie hat er irgend Gewalt über euch, wenn nicht durch euch selber?[87]

Dieser Mythos des *Einen* im Phantasma und in der Realität der Politik ist derselbe wie der des Islamismus, durch den jede politische Bestrebung absorbiert wird. Das Selbstopfer, zu dem die Jugend angeleitet wird, ist eine reale Projektion ihres Körpers auf den imaginären Körper des absoluten Anderen, der ein noch viel schrecklicherer Tyrann ist als der menschliche.

Jeder in Tunesien erinnert sich daran, wie das Körperbild von Ben Ali den Lebensraum des ganzen Landes eingenommen hat, vor allem waren sein Gesicht und seine Hände zu sehen. Welches Gesicht, welches Portrait konnte mit ihm konkurrieren? Der Despot ist immer ein großer Narziss, der seinen Untertanen zu seinem eigenen Vorteil ihre Selbstliebe abnimmt. Er stellt sich als Spiegel zur Verfügung, in dem sie sich alle wiedererkennen, und er wird so zum gemeinsamen Objekt ihres Ich-Ideals. Das ist in der Tat der imaginäre Mechanismus, den Freud in *Massenpsychologie und Ich-Analyse*[88] herausgearbeitet hat, um zu erklären, wie sich eine Masse rund um den Anführer oder Chef bildet.

Mit der Revolution hat dieser despotische imaginäre Körper einer reflektierenden Oberfläche für alle Platz gemacht und die Menschen mit ihrem eigenen Gesicht, der Landschaft ihrer Beziehungen und ihrem Hinterland konfrontiert. Wir erinnern uns, dass in den Wochen, die auf die Flucht Ben Alis folgten, Künstler an den Mauern der tunesischen Städte riesige Fotos von unbekannten Männern und Frauen angebracht haben.[89] Das ist eine Art auszudrücken, dass der Lebensraum an die vielen verschiedenen Gesichter von allen und jedem zurückgegeben wurde. Mich persönlich hat die Ruhe ausstrahlende Vielfalt dieser Portraits, die sich dort befanden, wo ich zuvor der überall sichtbaren Figur des Diktators ausgesetzt war, sehr bewegt. Die Utopie des einzigen Auges wurde ersetzt durch die Heterotopie der Blicke. Die Befreiung der Worte, der Informationsfluss und die Ausübung des Rechts auf freie Meinungsäußerung, das aus einer Vielzahl von Quellen schöpfte, haben diesen Spiegel zu zig Prismen erweitert, durch die die Tunesier individuell und kollektiv aufgefordert waren, den Zustand der sozialen Beziehungen zu erkennen, in denen sie gefangen sind. Keine Demokratie kann ohne diesen Spiegel des öffentlichen Raums auskommen, der eine neue Subjektivität hervorbringt.

Aber das plötzliche Auftauchen dieses großen Spiegels beinhaltet auch die Erfahrung, auf beunruhigende Weise dem Blick ausgesetzt zu sein, was ein hohes Maß an Angst und Furcht mit sich bringt. Freud hat der Auflösung des libidinösen Bandes zum Führer und der *Panik,* die daraus entsteht, eine ganze Abhandlung gewidmet. Am Beispiel Tunesien zeigen sich die realen und imaginären Effekte einer solchen Erfahrung. Die von ihrem Ideal, das vom Bild des Führers vereinnahmt war, abgekoppelten Ichs sind der Verzweiflung ausgeliefert; bestimmte Ichs versuchen, die freigewordene Libido zurückzuerlangen und sich in einem vervielfachten Narziss zu inthronisieren, von dem jeder im Namen der kleinen Differenzen um sein Stück vom Kuchen der Macht kämpft. An die Stelle der Angst vor dem Tyrannen setzt sich die Feindseligkeit zwischen den Mitmenschen. Die grausame Liebe des väterlichen Despoten zu seinen Söhnen tritt ihren Platz an die »brüderliche Grausamkeit« ab, um ein Bonmot von Lacan zu verwenden. Auf die Regierungsform der *Monarchie* folgt der ungeordnete Wechsel zur *Polyarchie*. Die wackelige Troika der drei Präsidenten in Tunesien illustriert das auf perfekte Weise.[90] Alle Machthaber oder jene, die es werden wollen, büßen bald ihre Aura ein. Die Masken fallen, der vertrauteste Nachbar verwandelt sich in einen bedrohlichen Fremden. Die Manifestationen des Unbewussten treten offen zutage: Lapsus,

Witz und Spott, Obszönität, Tagträume, öffentlich ausgebreitete Wahnvorstellungen. Halten wir fest, dass in den despotischen Systemen die Phrasendrescher weder stolpern noch lachen, während seit der Revolution die Versprecher aus den offenen Mündern der Politiker nur so heraussprudeln. Die Proklamation des islamistischen Premierministers, der sich in dem Moment, als er eine glänzende demokratische Zukunft verspricht, zu einer »herausragenden Diktatur« beglückwünscht, hat erschreckte Heiterkeit ausgelöst. Viel ernster ist die offenkundige Aggressivität: Diffamierungen, Morddrohungen, die auch in die Tat umgesetzt werden, Ästhetisierung des Schreckens, Ausweitung der Rubrik »Vermischtes« auf die Gesamtheit des Tagesgeschehens; kurz, das alles scheint auf eine Rückkehr der Verdrängung und auf eine Zerstückelung des Sozialkörpers hinauszulaufen, der bis jetzt künstlich als Einheit erhalten wird.

Ich könnte für jedes dieser Symptome von Panik, von der ich spreche, Dutzende Beispiele aus dem tunesischen Zeitgeschehen der letzten fünf Jahre anführen. Infolge des großen politischen Spiegels, der es möglich macht, sich gegenseitig kennenzulernen – ich persönlich habe in dieser Zeit mehr über die Tunesier erfahren als im ganzen Leben davor –, breitet sich eine beunruhigende Fremdheit aus, die viele den Verzweiflungsschrei ausstoßen lässt, der täglich in den Straßen Tunesiens zu hören ist. *Ist das noch Tunesien? Gebt uns unser früheres Land zurück!* Es handelt sich dabei um den offensichtlichsten Beweis dafür, dass die Revolution im Gange ist, wie ihre Zukunft auch aussehen mag. Während die Tunesier ein neues Bewusstsein ihrer Situation erlangen, scheinen gleichzeitig in schwindelerregendem Maße

Unwissenheit und Unsicherheit zuzunehmen. Der Rückgriff auf die Geschichte fördert ganz neue Bedeutungen zutage. Auf diese Weise wird die Vergangenheit unvorhersehbar! Hierin besteht das untrügliche Erkennungszeichen einer Zukunft, die den Subjekten eine Erfahrung ermöglicht, in der sie selbst vorkommen.

Ich denke, es ist deutlich geworden, dass der große politische Spiegel, diese wahrhafte Schöpfung durch die Revolution, den Tunesiern nur in dem Maße neue Spiegelungen ihrer selbst liefert, wie er ihnen auch den Anblick ihrer Teilungen zumutet, in der die *Negativität* zutage tritt, aus der das Menschliche sowohl auf der subjektiven als auch auf der gesellschaftlichen Ebene gewoben ist. Diese manifest gewordene Negativität lässt sie die Möglichkeit des Zerreißens des sozialen Bandes und des Zerfalls der Garantien erahnen, die die Menschen schützen.

Aber, so könnte man fragen, liegt denn in dem, was Sie beschreiben, auch etwas Gutes? Haben Sie uns nicht den berühmten, im Islam so verunglimpften Aufstand *(fitna),* über den Sie uns mithilfe des politischen Spiegels berichtet haben, zudem noch als außergewöhnliche Errungenschaft präsentiert? Laufen Sie nicht Gefahr, eine Lobrede auf den Bürgerkrieg zu halten?

Was ich zur Entstehung des Spiegels zu bedenken gebe, ist Folgendes: Es handelt sich um einen zusätzlichen Schritt, den die tunesische Gesellschaft in Richtung der Abkoppelung von der Repräsentation des *Wir* gegangen ist, die im Prinzip der Identität gefangen war. Dieses Prinzip postuliert die *Widerspruchsfreiheit* und die *apriorische Einheit* einer Gemeinschaft von Subjekten, die sich miteinander mittels einer organischen Konzeption[91] ihrer Zugehörigkeit identifizieren. Der politische Spiegel hat die Möglichkeit mit sich gebracht, dieses Prinzip zu überschreiten, indem er im öffentlichen Raum ein *Theater der sozialen Wahrheiten* eröffnet hat, in dem die Gegensätze nicht nur zwischen den Individuen oder Gruppen, sondern auch im Inneren jeder Einheit gezeigt wurden. Die Widersprüche sind nicht nur subjektiv, sondern sie werden mehr und mehr objektiviert; sie halten die Akteure und Organisationen auf Trab, die in Konfrontationen geraten, während sie viel Energie darauf verwenden, sie zu beenden. Das ist ein neues Spektakel, in dem sich diese Akteure gegenseitig beschuldigen und entschuldigen, einander beleidigen und bei Gericht anklagen; Vereinigungen werden gebildet und auf so dramatische Weise wieder gelöst, dass selbst Seifenoper-Liebhaber ganz blass werden. Interessen und Leidenschaften werden ohne Umschweife offen dargelegt. Verweigerung und Ungehorsam werden wie ein Recht auf Widerstand gegen jede Form von Macht in Anspruch genommen.

Zugleich wird das Leiden an den Rissen unerträglich, man will versöhnlich stimmen und reparieren und sucht die Ursachen und die Heilmittel in den sozialen, politischen und psychologischen Maßnahmen. Die Forderung nach Effizienz wird in den Reden zu einer Konstanten, auch wenn daraus keine Umsetzung folgt; dennoch macht sie nach und nach die reinen Ideale obsolet. Die Medien und die sozialen Netzwerke erfreuen sich daran, überall die Feindseligkeiten hinter den sehr schönen Fassaden aufzuzeigen. Die Teilungen erweisen sich als vielfältig und ineinander verwoben; sind sozial, ökonomisch, politisch und religiös. Mit einem

Wort, der große politische Spiegel reflektiert die Bilder einer gebeugten tunesischen Gesellschaft, deren Einheit nicht von selbst besteht. Genau darin liegt die Anerkennung der *Negativität* und ihre mögliche Akzeptanz. Ohne Garanten, sich selbst überlassen und einander ausgeliefert, müssen die Zusammenlebenden die Widersprüche und die theoretischen und praktischen Modalitäten ihrer Beschlüsse mitbedenken. Das Gespenst des Bürgerkrieges spukt in allen Köpfen. Die große Mehrheit fürchtet sich davor, aber gewisse Kreise wollen ihn und bereiten sich darauf vor. Der Friede muss also auf eine Weise hergestellt werden, die am Erreichen dieses Zieles zweifeln lässt, weil er vom *Überleben* unter sich wandelnden Bedingungen abhängt, die aus der Geschichte hervorgehen und nicht nur aus dem Erbe. Es geht um nicht weniger als um die Durchsetzung einer *Logik der sozialen Beziehungen*[92] in aller Öffentlichkeit, jenseits der Herrschaft der Einheit von Gemeinschaft.

Ich möchte den von Hegel eingeführten Begriff der »Negativität«[93] nicht streifen, ohne daran zu erinnern, dass er seinen Platz im Zentrum des modernen philosophischen Denkens hat, welches sich durch seine Ablehnung jeder Substanz, jeder Identität, jeder Instanz auszeichnet, die als gegeben angenommen wird und die beansprucht, die erste oder die letzte zu sein. Ohne Zweifel hat sich das *Subjekt,* das – bewusst oder unbewusst – Träger dieser historischen Ablehnung ist, bis in alle Ecken der Welt ausgebreitet. Ob das Subjekt nun individuell oder kollektiv verfasst ist, es ist ohne Ruhe, ständig darauf aus, sich durch das, was es tut, oder das, was es herstellt, zu definieren, und es ist in erster Linie ein *Selbst,* das gezwungen ist, die Dekonstruktion seiner Determinierungen zu durchschreiten, um sich als von sich selbst verschieden im Schmerz wieder aufzurichten. Daher die panische Angst einer Identität, die der Welt abgerungen werden muss: Die Moderne hat die Idee aufgebracht, dass es sich bei den angeblich ursprünglichen und transzendenten Fundamenten um historische und relative Konstruktionen handelt, die dekonstruiert werden können, und dass sie auf der Abwesenheit eines Grundes beruhen, wodurch ihr Zusammenbruch droht.

Wenn wir uns an die tunesische Erfahrung halten, die aus der Revolution vom 14. Januar 2011 hervorgeht, kann man beobachten, dass das *Wir* jetzt voller Unruhe und Zittern in Erscheinung tritt. Dieses ängstliche *Wir* ist das Symptom dessen, dass es nun eher in gesellschaftlicher als in gemeinschaftlicher Form besteht, aus der es früher die Sicherheit und Ruhe der organischen Zugehörigkeit geschöpft hat. Nicht genug damit, dass die Revolution plötzlich dieses zwischen den Reflektionen und Schwingungen des sozialen Spiels hin und her schwankende *Wir* erfunden hat, die Revolution war nur der Zufall, der unbestreitbar dazu geführt hat, dass ein Bruch an die Oberfläche getreten ist, der schon zuvor durch alle Ebenen der Gemeinschaft hindurch verlaufen ist; die Revolution hat ihm eine Sprache gegeben; sie hat den öffentlichen Raum freigemacht, damit der Spiegel ein sozialer, damit die verallgemeinerte Kommunikation zum Mittel der Anerkennung der verschiedenen Teile einer von jetzt an riskanten Einheit wird. Die große Frage ist, ob in dem Zittern und der Angst und der Schlaflosigkeit, in der sich die Tunesier mittels dieses Spiegels, mittels dieser freien Kommunikation untereinander seit fünf Jahren befinden, eine neu konstruierte Gesellschaft geboren werden kann, die nicht durch Konsens, sondern durch die kollektive Konstruktion von syntaktischen Formen, die das Zusammenleben regeln, zustande kommt.

Tatsächlich ist der Konsens lediglich eine, oft fragile, Anpassung an die Umstände, zumal die internationalen und regionalen Bedingungen derzeit sehr instabil sind. Der Kompromiss, der aus dem Konsens entsteht, ist zufallsbedingt, ein Geflecht aus Auflagen und Entschädigungszahlungen, die den Konflikt künstlich beseitigen, anstatt ihn von Grund auf zu bearbeiten. Letzteres kann zugegebenermaßen langwierige Verhandlungen mit sich bringen, die manchmal bis zum Zustand der Paralyse führen, welche dann in der Einrichtung einer Schlichtungsinstanz resultiert, die zeitweise wie eine Diktatur operiert, mit unvorhersehbaren Folgen. Die syntaktische Konstruktion hingegen entspringt einer anderen Dimension, einer gemeinsamen Sprache, die der Organisator der sozialen Beziehungen ist. Sie gehorcht einer Rationalität, die formellen Regeln folgt, den Regeln einer Grammatik, die auf Logik basiert und nicht auf Gefühlen oder Beziehungen in Form von organischer Zugehörigkeit. Innerhalb dieser Regeln haben konflikthafte Aussagen ihren Platz, gibt es Raum für Debatten und Wahlen, eventuell für Zustimmung, die aber gemäß den Begriffen der geltenden Logik stattfindet.

Um die vorangehenden Gedanken zum politischen Spiegel zu verdeutlichen, habe ich wiederholte Male an das Paradigma der Unterscheidung zwischen und des Gegensatzes von *Gemeinschaft* und *Gesellschaft* erinnert, dessen erster Theoretiker Ferdinand Tönnies war,[94] gefolgt von Soziologen wie Georg Simmel, Émile Durkheim oder Max Weber, um nur ein paar aus der Schar von Denkern zu erwähnen, die das Problematische am Übergang zur sozialen Modernität im Westen aufgezeigt haben. Erinnern wir uns, dass dieses Paradigma auf der Idee eines historischen Wandels der organischen Konzeption der *Gemeinschaft* zur sozialen Organisation der *Gesellschaft* beruht, die als »reflektiert« bezeichnet wird, insofern es sich um eine rationale Konstruktion des sozialen Lebens handelt. Die eine wird charakterisiert durch Zugehörigkeit und Zuneigung des Individuums zu einer Gruppe (Familie, Klan, Dorf, Kleinstadt) wie durch ihre Verbundenheit mit den traditionellen und religiösen Praktiken. Die andere konstituiert sich durch den Verlust von Zugehörigkeit zugunsten von Funktionen, Verträgen, Warenaustausch und Handel, die die Individuen miteinander in sehr großen städtischen Milieus verbindet, wobei das Ganze durch den Staat und das normative Recht reguliert wird. Allerdings muss dieser Gegensatz in dem Moment nuanciert werden, in dem man das Paradigma zur Beschreibung der sozialen Realität heranzieht, die sich durch Übergänge zwischen beiden Konzeptionen auszeichnet und sei es nur, weil die *Gesellschaft* auf der *Gemeinschaft* aufbaut, sie nicht ganz zerstört und, mehr noch, im Herzen der reflektierten sozialen Organisation Verbrüderungen, Zugehörigkeitsgefühle, zeitweilige Solidarität und Zwischenformen wie die von Max Weber beschriebenen »offenen Gemeinschaften« erzeugt, zu denen man nicht aufgrund verwandtschaftlicher Beziehungen gehört. In einem gewissen Sinn gibt es im Inneren einer *Gesellschaft* auch eine reduzierte Pseudo-*Gemeinschaft*. Letztlich führt die empirische Forschung häufig dazu, dass man die Dichotomie zwischen Gemeinschaft und Gesellschaft in Faktoren oder vielmehr in Variablen umwandelt. Trotzdem scheint mir, ohne den Blick für die Differenzen und die Komplexität der sozialen Realität zu verlieren, dass die Verwendung dieser Typologie ihre Berechtigung behält, wenn man die Perspektive der heißen historischen Transformationen einnimmt, anders gesagt, wenn der Prozess des Übergangs auf seinem Höhepunkt ist und der Antagonismus zwischen organischer und reflektierter Intention, nach einem Ausdruck von Tönnies: *Wesenwille* und *Kürwille,* in vollem Gange ist. Es ist so gut wie ausgemacht, dass wir ab dem Moment, in dem die organische Konstitution beginnt, ihre Vorrangstellung unter den Angriffen des Kürwillens zu verlieren, und ihren Mitgliedern in der »Umkehr der Welt« der Boden unter den Füßen wegbricht, eine Immunreaktion des Wesenwillens erleben, der völlig neue Stufen von Gewalt bis hin zum Bürgerkrieg erreichen kann, ja sogar zum Krieg zwischen Ländern. In dieser Situation befindet sich aktuell die muslimische Welt, wie ich mit meinem Ansatz zu zeigen versuche. Demnach ist der Zusammenstoß zwischen der organischen Tendenz der Gemeinschaft und der reflektierten Tendenz der Gesellschaft ein prägendes Moment für die derzeitige Subjektivität der Muslime.[95]

Bedenken wir, dass Ibn Chaldūn (1332–1406) vor fünfhundert Jahren mithilfe des Konzepts *a'abyya* ein Modell konstruiert hat, das an die organische Solidarität erinnert und dem Konzept von Ferdinand Tönnies sehr nahe kommt, da dieses Wort die Bedeutungen von *Verbinden, Umzäunen, Vereinheitlichen* vereint und Substantive hervorgebracht hat wie *Nerven, Eifer, Band, bedeutende Einheit*. Ibn Chaldūn hat diesen Typus Band bei kriegerischen Nomadenstämmen identifiziert – ein Band, das gemäß seiner Theorie schwächer wurde, sobald diese Stämme sich niederließen und in den städtischen Gemeinschaften zu Macht kamen. Die Zivilisation der Städte und der Wechsel vom Korpsgeist zu politischen Verhandlungen schwächten die organische Macht des Stammes.[96]

Wir können nicht fortfahren, ohne hervorzuheben, dass der Volksmund im Zuge der Deklination des Wortes *a'abyya* dem Begriff *Band* eine phallische Bedeutung verliehen hat, die jener des Französischen *bande* sehr nahekommt. Diese Übereinstimmung erlaubt es uns, auf einige Einsichten der Psychoanalyse über den seelischen Prozess zurückzugreifen, der das organische Band des Subjekts zur Gemeinschaft stiftet. Meiner Ansicht nach beruht er im Sinne des imaginären Phallus auf einer *phallischen Identifikation,* mit der das Kind sich zum ersten Mal seiner Mutter gegenüber positioniert. Wie wir wissen, konstituiert dieses Band zwischen Mutter und Kind gewissermaßen einen primitiven »Kommunismus«, der bei keinem anderen Tier so lange andauert wie beim Menschen. Die Gemeinschaft trägt Züge dieser primordialen Erfahrung der Liebe und der Identität, weil ihre Mitglieder sie mit mütterlichen Qualitäten und mit den mütterlichen Affekten vermischen.

Wie bei einigen anderen auch ist das bei der *Gemeinschaft der Muslime* der Fall, die man, wie schon gesagt wurde, mit dem Wort »Umma« bezeichnet, das sich explizit auf den Signifikanten *Mutter (oum)* bezieht. Allgemeiner formuliert: Die Abhängigkeit vom mütterlichen Anderen nährt das Modell einer imaginären substanziellen Beziehung, aufgrund derer die Mitglieder der Gemeinschaft denken, aus demselben Körper zu stammen, einem heiligen Körper im Sinne des Tabus, das heißt, einem entsexualisierten Körper. Das drohende Zerbrechen dieser Beziehung zieht die Angst des Subjekts nach sich, von seinem Ursprung abgeschnitten zu werden, wie die Behandlung von Exilanten zeigt. Die Furcht vor der Zerstörung der Gemeinschaft ruft Phantasmen vom Eindringen der Feinde in den kollektiven mütterlichen Körper *(la matrie)* hervor, um ihn zu verderben und darin auf sexuelle Weise einen genealogischen Schmutzfleck zu hinterlassen, der die eigene und reine Fruchtbarkeit dieses Körpers beschmutzt.

Diese Phantasmen der *Enteignung* gehören zu den heftigsten und führen bei Feindseligkeiten zwischen verfeindeten Gruppen häufig zu Grausamkeiten gegenüber Frauen.[97] In Form einer negativen Funktion des Imaginären des mütterlichen Körpers *(matrie)* existiert eine weitere phallische Polarität, die die Frau als zeugenden Phallus verhüllt. Lacan beschreibt sie in der ihm eigenen Terminologie: »Als Frau wird sie zur Maske. Sie wird genau deshalb zur Maske, um hinter dieser Maske der Phallus zu sein.«[98] Man muss bedenken, dass die traditionelle Welt dazu tendiert, unter dem Primat des Imaginären die Register des Symbolischen und des Realen miteinander zu vermischen und sie auf magische Weise zu überhöhen. Die phallische Funktion wird dadurch mehr schlecht als recht geschützt, immer unter Rückgriff auf ein Gebot zur Aufopferung, die den Mitgliedern der Gruppe ermöglicht, nicht mit dem imaginären Körper der *matrie* zu verschmelzen und die Pflichten des Verbots zu befolgen. Diese Funktion wird durch die Bezugnahme auf den Vorfahren, sehr häufig durch eine ganze patriarchale Kette von Urahnen, abgesichert, die bis zum Gründer des Gesetzes zurückreicht. Wenn die realen oder imaginären Bedrohungen der Immunität der Gemeinschaft anwachsen, nimmt die Angst, den Vorfahren gegenüber untreu zu werden und von ihnen gestraft zu werden, zu und vermehrt sucht man ihren Schutz und ruft ihre Seelen an.

Die Entstehung des *Salafismus* (*salaf* bedeutet, wie schon erwähnt, der Vorfahre) ist eine Antwort auf die starke Furcht vor dem Zusammenbruch der organischen Gemeinschaft der Umma. In den fanatischen Varianten dieser Bewegung verteilen die Anhänger Bescheinigungen über die vorväterliche Anwesenheit des Anderen in ihrem Körper und versuchen, alles Weibliche in sich auszumerzen und sich mit einer abscheulichen Männlichkeit zu tarnen. Sie tragen die Maske der Vorfahren, sie wollen ihre Inkarnation sein, was so weit geht, dass sie zu ihren Wiedergängern oder Zombies werden. Die Kriege um die Identität sind Kriege um die Masken. Und wir sind Zeugen einer Rache der Masken. Diese Überlegungen rufen uns dazu auf, uns nicht damit zu begnügen, kollektive Phänomene wie durch ein Teleskop betrachtete Tatsachen zu beschreiben, ohne zu den subjektiven Gründen vorzudringen, die die Individuen motivieren.

Seit dem Eintritt der Aufklärung in die muslimische Welt stehen sich in einem mehr als zwei Jahrhunderte andauernden grausamen Krieg die Verfechter der organischen Gemeinschaft des Islam und jene gegenüber, die versuchen, sie durch eine reflektierte, mittels eines Nationalstaats regierte Gesellschaft zu ersetzen, welches auch immer die Erscheinungsformen dieses Unterfangens sein mögen.[99]

Der eigentliche Konflikt spielt sich nicht, wie allgemein geglaubt wird, zwischen Freiheit von Religion und Religion ab. Dieser Antagonismus ist eher zweitrangig im Verhältnis zur Herausforderung, den Pakt der Gemeinschaft in einen Gesellschaftsvertrag zu verwandeln. In der muslimischen Welt vertraten die Verfechter der reflektierten Gesellschaft, die naturgemäß Anhänger der Aufklärung sind, kein politisches Projekt der Laizität, mit Ausnahme von Kemal Atatürk, der zudem das Kalifat als symbolische Institution der Souveränität für die Gemeinschaft der Gläubigen abgeschafft hat.

Im Falle von Habib Bourguiba in Tunesien ging es, um einen Ausdruck von Max Weber zu gebrauchen, ganz eindeutig um die *Vergesellschaftung* der *vergemeinschaftlichen* Strukturen des Landes, um via Erziehung, Bewirtschaftung des Bodens und Verwaltung der Bevölkerung das organische Band zu schwächen (Klane, Stämme, das Patriarchat etc.). Die Religion wurde in die Moscheen verbannt und unter die Kontrolle des Staates gestellt und nicht als solche unterdrückt. Dies brachte in Tunesien eine *Zivilität* in Kultur und Gesellschaft hervor, in dem Sinne, dass *Identifizierung* und *Ent-Identifizierung* mit dem Islam und seinen moralischen Werten auf subjektiver und intersubjektiver Ebene nebeneinander bestehen können.[100] Aber diese von Bourguiba verwirklichte politische Alchemie der Zivilität konnte nur zustande kommen, weil Tunesien seit langem Erfahrung mit der westlichen und östlichen Aufklärung hat, wie ein Blick in die Geschichte der vernunftbasierten Kulturinstitutionen des Islam in diesem Land zeigt. Die schrecklichen Dreißigerjahre, in denen so viele Gegenden durch den kolonialen Machtmissbrauch verwüstet wurden, haben in Tunesien inmitten der Gefahr zu einem erstaunlichen Beben geführt, aus dem eine bemerkenswerte moderne intellektuelle und politische Elite hervorging. Daraus sind Texte entstanden, die, nach einer Metapher von Pierre Legendre[101], Kinder bekommen haben, Generationen, die sich fortsetzen bis hin zu jener, die die Revolution vom Januar 2011 angeführt hat.

Wenn es die Texte sind, aus denen die Menschlichkeit hervorgeht, und wenn man einen der Sätze herausgreifen sollte, die die Zivilität des entstehenden Tunesien hervorgebracht haben, dann würde ich das Motto nennen, das ich diesem Buch vorangestellt habe und welches von Tahar Haddad (1899–1935), einem der Begründer der ersten Gewerkschaft der arabischen Welt und Theoretiker der vorbehaltlosen Emanzipation der Frau, stammt:

Freiheit bedeutet nicht, die Fesseln des Lebens abzulegen, sondern sie ist der Wunsch danach, es von den versteinerten Phantasmen zu befreien, die es umgeben.

Anmerkungen

1 Tahar Haddad, *Œuvres complètes,* Bd. 2, Tunis 1999, S. 109 [Bislang noch nicht ins Deutsche übertragene Quellen werden in der Folge stillschweigend übersetzt, Anm. d. Übers.].

2 Fethi Benslama, *La guerre des subjectivités en islam,* Paris 2014; siehe auch: »L'idéal blessé et le surmusulman«, in: Fethi Benslama (Hg.), *L'Idéal et la Cruauté. Subjectivité et politique de la radicalisation,* Paris 2015, S. 11–28.

3 Aiman al-Sawahiri ist der Chefideologe von Al-Kaida und war die Nummer zwei nach Osama bin Laden.

4 »Wenn Gott tot ist, ist alles erlaubt.« Jacques Lacan hat dieser Formulierung wiederholt widersprochen, indem er sie umdrehte: »Gott ist tot, nichts mehr ist erlaubt.« Das heißt, dass der Mensch, der in einer Welt ohne Gott keinen Anderen mehr hat, der verbietet oder erlaubt, seinem eigenen Begehren ausgeliefert ist, also seiner Schuld, woraus die härteren, selbst gesetzten Verbote zu erklären sind. Vgl. Jacques Lacan, »Theoretische Einführung in die Funktionen der Psychoanalyse in der Kriminologie«, in: ders., *Schriften,* Bd. I, Wien 2016, S. 152.

5 Richard Rechtman, »La violence de l'organisation Etat islamique est génocidiaire«, in: *Le Monde* vom 27. November 2015.

6 Gilles Kepel, *Das Schwarzbuch des Dschihad. Aufstieg und Niedergang des Islamismus,* München 2002.

7 Abu Bakr Naji, *Idarat at-Tauwahhush,* 2004. Die englische Übersetzung *The Management of Savagery. The Most Critical Stage Through Which the Umma Will Pass,* lässt sich herunterladen

unter {https://azelin.files.wordpress.com/2010/08/abu-bakr-naji-the-management-of-savagery-the-most-critical-stage-through-which-the-umma-will-pass.pdf} (letzter Zugriff 7. 2. 2017).

8 Jürgen Habermas und Jacques Derrida, *Philosophie in Zeiten des Terrors*. Zwei Gespräche, Berlin/Wien 2004.

9 Farhad Khosrokhavar, *Radikalisierung*, Hamburg 2016, S. 23.

10 Frédéric Gros, »La guerre diffuse et ses pièges«, in: *Le 1*, Nr. 85/2015.

11 Etienne Balibar, *Violence et civilité. Wellek Library Lectures et autres essais de philosophie politique*, Paris 2010, S. 27.

12 Albert Einstein und Sigmund Freud, »Warum Krieg?«, in: Sigmund Freud, *Gesammelte Werke*, Bd. XVI, *Werke aus den Jahren 1932–1939*, Frankfurt am Main 1968, S. 11–27.

13 Walter Benjamin, »Zur Kritik der Gewalt«, in: ders., *Zur Kritik der Gewalt und andere Aufsätze*, Frankfurt am Main 1965, S. 29–65.

14 Vgl. die einander überschneidenden Ausführungen bei Freud und Benjamin, in: Alain Vanier, »Droit et violence. Freud et Benjamin«, in: *Le Blocnotes de la psychanalyse*, Nr. 18/2003, S. 101–114.

15 Gilles Ferragu, *Histoire du terrorisme*, Paris 2014.

16 Ebd.

17 Isabelle Sommier, »Engagement radical, désengagement et déradicalisation. Continuum et lignes de fracture«, in: *Lien social et Politiques*, Nr. 68/2012, S. 15–35.

18 Xavier Crettiez, »›High risk activism‹. Essai sur le processus de radicalisation violente«, in: *Pôle Sud*, Nr. 34, Juni 2011, S. 45–60, und Nr. 35, Dezember 2011, S. 99–112.

19 Gilles Kepel und Bernard Rougier, »Radicalisations et islamophobie. Le roi est nu«, in: *Libération* vom 15. März 2016.

20 Khosrokhavar, *Radikalisierung*, S. 28.

21 Farhad Khosrokhavar, »Radicalisation in Prison. The French Case«, in: *Politics, Religion & Ideology*, Vol. 14, Nr. 2, 2013, S. 284–306.

22 Vgl. Benslama (Hg.), *L'Idéal et la Cruauté*.

23 Marc Sageman, Understanding Terror Networks, Philadelphia 2004.

24 Khosrokhavar, *Radikalisierung,* S. 29.

25 Abu Musab al-Sûrî, »The Global Islamic Resistance Call«, (englische Übersetzungen sind abrufbar auf *archive.org*).

26 Gilles Kepel, *Terror in Frankreich. Der neue Dschihad in Europa,* München 2016, S. 39.

27 Der Präfekt Pierre N'Gahane, Generalsekretär des Comité interministériel pour la prévention de la délinquance (CIPD), hat diesen Plan in einem Artikel dargestellt: »Prévention de la radicalisation Le modèle français de prise en charge des familles«, in: *Cahiers de la sécurité et de la justice,* No 30/2014, S. 284–287.

28 Vgl. »Synthèse des indicateurs de basculement«, online abrufbar unter {www.interieur.gouv.fr/SG-CIPDR/Prevenir-la-radicalisation/Prevenir-la-radicalisation/Indicateurs-de-basculement} (letzter Zugriff 7. 2. 2017).

29 Sébastien Pietrasanta, »La Déradicalisation, outil de lutte contre le terrorisme«, online abrufbar unter {www.ladocumentationfrancaise.fr/var/storage/rapports-publics/154000455.pdf?} (letzter Zugriff 7. 2. 2017).

30 Dounia Bouzar, Christophe Caupenne und Sulayman Valsan, »La métamorphose opérée chez le jeune par les nouveaux discours terroristes«, online abrufbar unter {www.cpdsi.fr/wp-content/uploads/2016/07/LA-METAMORPHOSE-OPEREE-CHEZ-LE-JEUNE-PAR-LES-NOUVEAUX-DISCOURS-TERRORISTES-DEF.pdf} (letzter Zugriff 7. 2. 2017).

31 Eine Kinderschutzeinrichtung in Seine-Saint-Denis.

32 Francis Pasche, »De la dépression«, in: *Revue française de psychanalyse,* Vol. 27, Nr. 2–3, 1963, S. 191–222.

33 [Anm. d. Übers.: Im Original »ban du lieu«, wörtlich übersetzt »Bann des Ortes«; Gleichklang mit »banlieue«, der Vorstadt.]

34 Der Psychiater Pierre Mâle prägte in den Sechzigerjahren den Begriff der »Jugendkrise«, mit dem diese verlängerte Adoleszenz gemeint war.

35 Vgl. Eric Hobsbawm, *Das Zeitalter der Extreme. Weltgeschichte des 20. Jahrhunderts,* München 1998.

36 Ian Hacking, *Mad Travelers. Reflections on the Reality of Transient Mental Illnesses,* London 1998.

37 D. W. Winnicott, »Vorwort«, in: ders., Der Anfang ist unsere Heimat. Essays zur gesellschaftlichen Entwicklung des Individuums, Stuttgart 2012, S. 26. [Anm. d. Übers.: In einer dt. Übersetzung findet sich auch der Ausdruck »adoleszente Flaute«, vgl. ders., Aggression. Versagen der Umwelt und antisoziale Tendenz. Stuttgart 1996, S. 198.]

38 Rainer Maria Rilke, »Die siebente Elegie«, in: ders., *Werke. Kommentierte Ausgabe in vier Bänden,* Bd. 2, *Gedichte 1910 bis 1926.* Frankfurt am Main 1996, S. 222.

39 D. W. Winnicott, »Unreife bei Jugendlichen«, in: ders., *Der Anfang ist unsere Heimat. Essays zur gesellschaftlichen Entwicklung des Individuums,* Stuttgart 2012, S. 175.

40 Philippe Gutton, *Adolescence et djihadisme,* Paris 2015.

41 David Thomson, *Les Français jihadistes,* Paris 2014.

42 Jacques Lacan, »Subversion des Subjekts und Dialektik des Begehrens im Freud'schen Unbewussten«, in: ders., *Schriften,* Bd. II, Wien/Berlin 2015, S. 367.

43 Alain Bertho, *Les Enfants du chaos. Essai sur le temps des martyrs,* Paris 2016.

44 Der Begriff »Islamismus« ist eine der Bezeichnungen, die der Religion der Muslime im Westen (ausgehend von Frankreich im 18. Jahrhundert) zusammen mit einigen anderen wie »Muslimismus«, »Mahomedanismus« oder »Mohammedanismus« gegeben worden ist. Belegt sind die Begriffe seit Beginn des 17. Jahrhunderts.

45 Eingeschlossen im Arabischen, der Sprache des Korans, wo »Islamismus« und »Islamist« mit *islamawyya* und *islamawy* übersetzt wurden.

46 Marcel Gauchet, »Les ressorts du fondamentalisme islamique«, in: *Le Débat,* No 185, 2015, S. 63–81.

47 Jean Birnbaum, *Un silence religieux. La gauche face au djihadisme,* Paris 2016.

48 Olivier Roy erklärt dazu in einem Interview: »Es gibt keinen politischen Islam mehr, sondern den Islam in der Politik«, in: *La Croix* vom 2. Januar 2014. Halten wir fest, dass Olivier Roy und Marcel Gauchet in ihren Analysen zur Frage des Fundamentalismus in vielen Punkten übereinstimmen. Vgl. Olivier Roy, *Heilige Einfalt. Über die politischen Gefahren entwurzelter Religionen,* München 2010.

49 Ich verwende diesen Ausdruck, um nicht den zeitgenössischen und westlichen Begriff »theologisch-politisch« zu gebrauchen. Vgl. dazu Bernard Plongeron, *Théologie et politique au siècle des Lumière (1770–1820),* Genf 1973.

50 Abu Bakr Naji, *The Management of Savagery.*

51 Rouhollah Khomeini, *Pensée politique de l'ayatollah Khomeyni. Présentation thématique au travers de ses écrits et de ses discours dépuis 1941,* Paris 1980.

52 Ibn Taymiyya, *Minhâj al-sunna al-nabawiyya fînaqd kalâm al-sfa wa-qadariyya,* Kairo 1962.

53 Denise Aigle, »Loi mongole vs. loi islamique? Entre mythe et réalité«, in: *Annales. Histoire, Science sociales,* No 5–6, 2004, S. 971–996.

54 Napoléon Bonaparte, »Alexandrie, le 13 messidor an 6 (1er juillet 1798): Proclamation«, in: ders., *Œuvres complètes,* Bd. 2, Éditions la Bibliothèque digitale, 2012.

55 Abderrahmane al-Jabarti, *Journal d'un notable du Caire, durant l'expédition française (1798–1801),* Paris 1979, S. 179.

56 Ebd., S. 320 f.

57 Henry Laurens, *L'Éxpédition d'Égypte, 1789–1801.* Paris 1997, S. 138 f.

58 Vgl. Benslama, *La guerre des subjectivités en Islam.*

59 Zit. n. Henry Laurens, *Français et Arabes depuis deux siècles,* Paris 2012.

60 Ich habe vorgeschlagen, das Wort »Theoszientismus« zur Bezeichnung einer Fülle von Abhandlungen zu verwenden, die in den muslimischen Ländern veröffentlicht wurden und deren Autoren zum Teil muslimische Wissenschaftler sind, die das Ziel haben,

glauben zu machen, dass der Koran ein Text sei, der zugleich theologisches und wissenschaftliches Wissen enthält. Vgl. Fethi Benslama, *Psychoanalyse des Islam. Oder wie der Islam die Psychoanalyse auf die Probe stellt,* Berlin 2017.

61 Pierre-Jean Luizard, »Introduction«, in: ders. (Hg.), *Le choc colonial et l'islam. Les politiques religieuses des puissances coloniales en terre d'islam,* Paris 2006; Laurens, *Français et arabes,* S. 24; Michel Vovelle, *La révolution française. 1789–1799,* Paris 2015, S. 285.

62 Daniel Rivet, »Le rêve arabe de Napoléon III«, in: *L'Histoire,* No 140, S. 26–32.

63 Rifa'a at-Tahtawi, *Ein Muslim entdeckt Europa. Bericht über seinen Aufenthalt in Paris, 1826–1831,* München 1989.

64 Ahmed ibn Abi ed Dhiaf, *lthaf Ahl az-zamane bi akhbar moulouk tounis wa ah del-aman,* Bd. 4, Tunis 1963.

65 »La perception de ›l'Autre‹ en Égypte et en Tunesie au XIXe siècle: l'émergeance d'un nouveau paradigme«, in: *Cahiers de la Méditerranée,* No 66, 2003, S. 305–320.

66 »Umma« bezieht sich auf *ouma,* das die Mutter bezeichnet.

67 Arabisch *salaf,* daher das Wort Salafismus. Ich nehme hier einige Begriffe aus der ersten Definition des Übermuslims wieder auf, die ich in meinem Text »L'idéal blessé et le surmusulman«, S. 19, dargelegt habe.

68 Paul-Laurent Assoun hat diesen Begriff auf bemerkenswerte Weise entwickelt: *Le Préjudice et l'Idéal. Pour une clinique sociale du trauma,* Paris 2012.

69 Dieser Ausdruck stammt von Mohammad Abduh (1849–1905), zit. n. Maher Charif, »Réformisme musulman et islam politique: continuité ou rupture?«, in: Pierre-Jean Luizard (Hg.), *Le Choc colonial et l'Islam, Les politiques religieuses des puissances coloniales en terre d'islam,* Paris 2006, S. 520.

70 Das ist die These Freuds über den Ursprung des ozeanischen Gefühls. Vgl. *Das Unbehagen in der Kultur,* in: Sigmund Freud, *Gesammelte Werke,* Bd. XVI, *Werke aus den Jahren 1932–1939,* Frankfurt am Main 1968, S. 422.

71 Sigmund Freud, *Massenpsychologie und Ich-Analyse,* in: ders., *Gesammelte Werke,* Bd. XVI, *Jenseits des Lustprinzips. Massenpsychologie und Ich-Analyse. Das Ich und das Es,* Frankfurt am Main 1968, S. 74–161.

72 Jean Starobinski, *L'Encre de la mélancolie,* Paris 2012, S. 535–560.

73 Vgl. »La fatwa de la tétée«, online abrufbar unter {http://islam.faq.free.fr/islam/fatwa-tetee.htm} (letzter Zugriff 7. 2. 2017).

74 Vgl. {www.forum-religion.org/actualite/algerie-la-fatwa-sur-l-allaitement-des-grands-t28718.html}, Eintrag vom 4. Januar 2014 (letzter Zugriff 7. 2. 2017).

75 Vgl. {www.bladi.info/threads/fatwa-incroyable.117153} (letzter Zugriff 7. 2. 2017).

76 »Quelques fatawas sur l'allaitement«, {http://lafemmesalafiya.eklablog.com/quelques-fatwas-sur-l-allaitement-a85923674} (letzter Zugriff 7. 2. 2017).

77 Vgl. {www.forum-religion.org/actualite/algerie-la-fatwa-sur-l-allaitement-des-grands-t28718.html}, Eintrag vom 4. Januar 2014 (letzter Zugriff 7. 2. 2017).

78 »Égypte: Mickey Mouse n'est pas un agent de Satan«, online abrufbar unter {www.lapresse.ca/actualites/insolite/200809/25/01-23511-egypte-mickey-mouse-nest-pas-un-agent-de-satan.php} (letzter Zugriff 7. 2. 2017).

79 Sigmund Freud, »Bemerkungen über einen Fall von Zwangsneurose«, in: ders., *Gesammelte* Werke, Bd. VII, *Werke aus den Jahren 1906–1909,* Frankfurt am Main 1968, S. 381–463.

80 Ibn Ayyâs al-Hanafî, *Badâ'i' az-zuhûr fî wqâ'i' ad-duhûr,* Tunis o. J., S. 38–39.

81 Benslama, *La guerre des subjectivités en islam.*

82 Ibn Mandhûr, *Lisân al-'Arab,* Bd. 1, Beirut o. J., S. 165.

83 Abu Jafar al-Tabarî, *La chronique. Les prophètes et les rois,* Bd. 1, Paris 1984, S. 127.

84 »En islam ›la tête de la femme c'est la vulve de son vagin‹ Fatwa du sheikh Abou Ishaq al Houeini«, online abrufbar unter {https://www.youtube.com/watch?v=3N-opDodUr8&lc=kgvHnm77Ppt

SWqUm-5p9cj6zgPDOJPXL2AETVeRJ2_M} (letzter Zugriff 7. 2. 2017).

85 Rilke, »Die siebente Elegie«, S. 222.

86 Ein Beispiel, das für viele andere steht: François Burgat, *L'islamisme en face,* Paris 1995. Vgl. dazu auch Hakim Arabdiou, »Pour François Burgat, l'islamisme est une ›régression féconde‹«, online abrufbar unter {http://mondialisme.org/spip.php?article982} (letzter Zugriff 7. 2. 2017).

87 Étienne de la Boétie, *Von der freiwilligen Knechtschaft des Menschen,* Norderstedt 2013, S. 29.

88 Die Formel, mit der Freud die libidinöse Konstitution einer Masse beschreibt, lautet: »Eine solche primäre Masse ist eine Anzahl von Individuen, die ein und dasselbe Objekt an die Stelle ihres Ichideals gesetzt und sich infolgedessen in ihrem Ich miteinander identifiziert haben.« In: Freud, *Massenpsychologie und Ich-Analyse,* S. 128.

89 Vermutlich geschah dies auf Initiative eines Straßenkünstlers tunesischen Ursprungs, der unter den Initialen »JR« weltberühmt ist.

90 Man muss daran erinnern, dass Tunesien infolge der Wahlen vom Oktober 2011 drei Jahre lang von drei Präsidenten regiert wurde: Dem Staatspräsidenten, dem Regierungspräsidenten und dem Präsidenten der gesetzgebenden Versammlung.

91 Ich gebrauche den Begriff »organisch« im Sinne von Ferdinand Tönnies – den ich schon früher aufgegriffen habe –, der ihm die gegenteilige Bedeutung wie Émile Durkheim gegeben hat. Für Tönnies charakterisiert die »organische Solidarität« die traditionelle Gemeinschaft, während »mechanische Solidarität« der modernen Gesellschaft eigen ist. Mir scheint, dass diese Unterscheidung zutreffender ist als die von Durkheim, denn es handelt sich um Kategorien, die man bei Aristoteles (Gegensatz des Organischen, das natürlich ist, und des Künstlichen) und Kant findet.

92 Vgl. die Beleuchtung des Konzepts der »sozialen Beziehungen« (»rapports sociaux«) in Frankreich durch Pierre Macherey (»Aux

sources des rapports sociaux: Bonald, Saint-Simon, Guizot«, in: Genèses, Vol. 9, No 1, 1992, S. 25–43), dessen Stichhaltigkeit sich in Tunesien meines Erachtens sowohl durch den politischen Spiegel der Januarrevolution erweist wie auch auf lange Sicht.

93 Georg Wilhelm Friedrich Hegel, *Phänomenologie des Geistes*, in: ders., *Werke in 20 Bänden*, Bd. 3, Frankfurt am Main 1986; vgl. Michel Dufrenne »Négativité«, in: André Lalande (Hg.), *Vocabulaire technique et critique de la philosophie*, Paris, 2002; Jean-Luc Nancy, *Die Unruhe des Negativen*, in: ders., *Hegel. Die spekulative Anmerkung. Die Unruhe des Negativen*, Zürich/Berlin 2011.

94 Ferdinand Tönnies, *Gemeinschaft und Gesellschaft. Grundbegriffe der reinen Soziologie*, Darmstadt 2005.

95 Benslama, *La guerre de subjectivités en islam*.

96 Ibn Khaldun, *Die Muqaddima. Betrachtungen zur Weltgeschichte*, München 2011.

97 Fethi Benslama, »La dépropriation«, in: *Lignes*, No 24, 1995, S. 34–61.

98 Jacques Lacan, »Die Dialektik des Begehrens und des Anspruchs in der Klinik und in der Kur der Neurosen«, in: ders., *Das Seminar, Buch V, Die Bildungen des Unbewussten*. Wien 2006, S. 447.

99 Vgl. zu dieser Frage das Hauptwerk von Mezghani, *L'État inachevé. La question du droit dans les pays arabes*, Paris 2011.

100 Zum Begriff »Zivilität« (»civilité«) hat Étienne Balibar bedeutende theoretische Überlegungen angestellt, die eine Strategie der Gegengewalt mit dem Aufrechterhalten der paradoxen und dennoch pazifizierenden Beziehung zwischen Identifizierung und Ent-Identifizierung enthalten, in: *Violence et civilité*.

101 Pierre Legendre, *Die Kinder des Textes. Über die Elternfunktion des Staates*, Wien 2011.

Die Publikation dieses Buches wurde unterstützt
mit Mitteln des Centre national du livre

Erste Auflage Berlin 2017

Göhrener Str. 7, 10437 Berlin
info@matthes-seitz-berlin.de

Umschlaggestaltung: Dirk Lebahn, Berlin
Satz und Gestaltung: Gaby Michel, Hamburg
Druck und Bindung: Pustet, Regensburg
Printed in Germany
www.matthes-seitz-berlin.de
ISBN 978-3-95757-388-9

Fethi Benslama

Psychoanalyse des Islam

Oder wie der Islam die Psychoanalyse auf die Probe stellt

Aus dem Französischen von
Monika Mager, Michael Schmid
ca. 350 Seiten mit bedrucktem Schutzumschlag
ISBN: 978-3-95757-338-4

Ob als Alltagsphänomen wie der verordneten Verschleierung oder in der gewalttätigen Form des Terrorismus – fundamentalistische Strömungen im Islam sind auf dem Vormarsch. Doch wie lässt sich die weltweite Konjunktur des islamischen Extremismus jenseits kulturkämpferischer und relativistischer Muster erklären? In seiner bahnbrechenden Studie, die im englisch- und französischsprachigen Raum längst zum Standardwerk avanciert ist, interpretiert Fethi Benslama den Islamismus als Zeichen der Krise des Islam in Konfrontation mit der sündhaften Moderne: Der Leidensdruck durch Verbot von Lust führt zur Aggression gegenüber Ambivalenzen – bis hin zum Terror. Fethi Benslama füllt eine Lücke in Sigmund Freuds Werk: Er erklärt das Unbehagen in der muslimischen Kultur, analysiert die Gründungsmythen und die Glaubenspraktiken des Islam und weist auf die kritische Stellung der Frau als Quelle der Angst vor Veränderung und Begehren hin. Eine monumentale Studie und ein unentbehrlicher Beitrag in der Auseinandersetzung mit dem Islamismus sowie ein erster Schritt in Richtung seiner Therapierung.